中国社会科学院马克思主义理论学科建设与理论研究工程资助项目

居安思危·世界社会主义小丛书

苏联亡党亡国的根本原因、教训与启示

李慎明 等 著

当代中国出版社
Contemporary China Publishing House

图书在版编目(CIP)数据

苏联亡党亡国的根本原因、教训与启示 / 李慎明等著 . -- 北京 : 当代中国出版社 , 2024.4 (2025.2 重印)
ISBN 978-7-5154-1309-9

Ⅰ . ①苏… Ⅱ . ①李… Ⅲ . ①苏联共产党—党史—研究 Ⅳ . ① D351.23

中国国家版本馆 CIP 数据核字 (2024) 第 011006 号

出 版 人　蔡继辉
责任编辑　袁又文
责任校对　贾云华　康　莹
印刷监制　刘艳平
封面设计　鲁　娟
出版发行　当代中国出版社
地　　址　北京市地安门西大街旌勇里 8 号
网　　址　http://www.ddzg.net
邮政编码　100009
编 辑 部　(010) 66572264
市 场 部　(010) 66572281　66572157
印　　刷　中国电影出版社印刷厂
开　　本　787 毫米 × 1092 毫米　1/32
印　　张　6.125 印张　1 插页　83 千字
版　　次　2024 年 4 月第 1 版
印　　次　2025 年 2 月第 4 次印刷
定　　价　20.00 元

我们愿做报春鸟

——《居安思危·世界社会主义小丛书》总序

中国社会科学院原副院长
世界社会主义研究中心主任、研究员
李慎明

《居安思危·世界社会主义小丛书》是中国社会科学院世界社会主义研究中心奉献给广大读者的一套普及科学社会主义常识的理论读物，也是我们集中院内外相关专家学者长期研究、精心撰写的一套严肃的理论著作。

为适应快节奏的现代生活，每册书的字数一般限定在4万字左右。这样的篇幅，有助于读者在工作之余或旅行途中一次看完。从2012年7月开始，在10年内，这套小丛书争取推出100册左右。

这是一套“小”丛书，涉及的却是国内外重大理论和现实问题。主要介绍科学社会主义基本理论及重要观点的创新、国际共产主义运动中重大历史事件和重要领袖人物（其中包括反面角色）、各主要国家共产党当今理论实践及发展趋势等，兼以回答人们心头常常涌现的相关疑难问题，并以反映国外当今社会主义理论与实践为主，兼顾我国的革命、建设和改革开放事业。

从一定意义上讲，理论普及读物更难撰写。围绕科学社会主义特别是世界社会主义一系列重大理论和现实问题，在有限的篇幅内，把立论、论据和论证过程等，用通俗、清新、生动的语言将事物本质与规律讲清楚，做到吸引人、说服人，实非易事。这无疑是对专业理论工作者的一个挑战。然而，我们愿意为此作出努力。

目前这场正在深化的国际金融危机的总根源，是东欧剧变和苏联亡党亡国之后全球范围内贫富两极的急遽分化。国际金融危机已经整整10个年头。但在笔者看来，再过8年、10年，国际金融危机的阴影也仍然挥之不去。主要是因为以“互联网＋人工智能”等为代表的新的高科技革命和新的生产工具的诞生与发展，极大地提高了全球范围内的社会生产力，但同时也加剧了全球范围内的财富占有和收入分配的贫富两极分化。正如马克思所强调的：在资本主义社会，“文明的一切进步，或者换句话说，社会生产力（也可以说劳动本身的生产力）的任何增长，——例如科学、发明、劳动的分工和结合、交通工具的改善、世界市场的开辟、机器等等，——都不会使工人致富，而只会使资本致富”[①]。这也就是说，在资本主义生产关系框架之内，从总体和本质上说，资本愈是富有，广大劳动群众则必然愈是贫穷；广大劳动群众愈是贫穷，社会的有效需求则必然愈加减少。以美国为首的西方资本主义世界主导的经济全球化，必然使全球范围内广大民众愈加贫穷，社会的相对需求急遽减少。我们还可以作出这样的预言：在未来二三十年内，在全球范围内，大量的智能机器人会更多

① 《马克思恩格斯全集》第46卷上册，人民出版社1979年版，第268页。

地挤占现有的人工工作岗位，无人工厂会如雨后春笋般地在世界各地涌现。这一进程，可能比我们常人所想象的要快得多；其覆盖面，可能比我们常人想象的要更为广阔。试想，资本家都不雇佣工人了，普通百姓都没有工资了，谁来购买这些物美价廉的产品呢？各垄断资本集团之间追寻高额利润的残酷竞争——引发新的高新科技发展特别是智能机器人的普及——导致新的工人大量失业——社会相对需求减少——引发更多工厂破产和工人失业——加剧减少新的社会相对需求——进一步触发新的工厂破产，这一逻辑必然会形成一轮又一轮的恶性循环，不断加剧全球范围内的贫富两极分化。2008 年爆发的国际金融危机在本质上就是资本主义的经济、政治和文化价值观的全面危机，是高度发达的社会生产力即生产社会化乃至生产全球化与现存的生产关系即生产资料被极少数人占有这一资本主义基本矛盾的一次总爆发。历史已经反复证明，这一基本矛盾在资本主义生产关系的框架内根本无法解决。随着这一矛盾的不断发展和深化，可以断言，更大的金融灾难必将在紧随其后的一些年内接连爆发。

凭栏静听潇潇雨，世界人民有所思。这场危机推动着世界各国、各界特别是发达国家和广大发展中国家的普通民众进一步深入思考。可以说，又一轮人类思想大解放的春风已经起于青蘋之末。然而，春天往往会有“倒春寒”，在特定的条件下，人类社会也有可能还会遇到新的更大灾难，世界社会主义还有可能步入新的更大的低谷。但我们坚信，青山遮不住，毕竟东流去。世界社会主义在 21 世纪中叶前后，极有可能又是一个无比灿烂的春天。我们这套小丛书，愿做这个春天的报春鸟。

“沧海横流，方显出英雄本色。”目前，中国各族人民正更加紧密地团结在以习近平同志为核心的党中央周围，在以马克思列宁主义、毛泽东思想和中国特色社会主义理论体系，特别是习近平新时代中国特色社会主义思想的指引下，沉着、坚定地迈向无比美好的春天。我们对中国共产党和中华人民共和国的社会主义事业充满信心！

现在，各出版发行企业都在市场经济中弄潮，出版社不赚钱就不能生存，但我们希望这套小丛书每册定价要适度，相关方面在获取适当的利润后，让利于普通民众，让普通民众买得起、读得起。买的人多了，发行量大了，就会产生规模效益。

敬希社会各界对这套丛书进行批评指导，同时也真诚期待有关专家学者和从事实际工作的各级领导及各方面的人士，积极为我们撰稿、投稿。我们选取稿件的标准，就是符合本丛书要求的题材、质量、风格及字数。

2018 年 5 月 5 日

目录 CONTENTS

4 一、从赫鲁晓夫到戈尔巴乔夫领导集团在思想上政治上的蜕化变质是苏联亡党亡国的根本原因

95 二、苏联亡党亡国的重要教训

131 三、苏联亡党亡国的重要启示

2022 年是苏维埃社会主义共和国联盟成立 100 周年，又是苏联亡党亡国 31 年。苏联亡党亡国是人类历史上的一次大悲剧、大曲折，更是世界社会主义发展史上的一次大灾难、大倒退。*

毛泽东同志和习近平总书记极为重视对苏联从社会主义向资本主义演变、蜕变的研究。

1965 年 2 月，苏联经济及科技、军事等方面还处于鼎盛之时，毛泽东便十分敏锐地察觉和预感到苏联党、国家和人民将来可能甚至必然出现的大灾难，指示全党要加强对苏联问题的研究，并以此为鉴，搞好中国党和社会主义的现代化建设。世界知识出版社在《赫鲁晓夫言论》第 3 集的出版说明中引用了毛泽东如下的话："革命的政党，革命的人民，总是要反复地经受正反两个方

* 本文系国家社科基金特别委托研究专题"资本主义新变化、帝国主义本质和发展趋势及我战略应对"的阶段性成果。课题组组长：李慎明；课题组成员：刘书林、汪亭友、李瑞琴、张树华、樊建新、赵丁琪。

面的教育，经过比较和对照，才能够锻炼得成熟起来，才有赢得胜利的保证。我们中国共产党人，有正面教员，这就是马克思、恩格斯、列宁、斯大林。也有反面教员"，"如果只有正面教员而没有反面教员，中国革命是不会取得胜利的。轻视反面教员的作用，就不是一个彻底的辩证唯物主义者"。①

习近平总书记多次对苏联亡党亡国的经验教训作出深刻论述。2013 年 1 月 5 日，刚刚就任中共中央总书记不久的习近平就意味深长地指出："苏联为什么解体？苏共为什么垮台？一个重要原因就是意识形态领域的斗争十分激烈，全面否定苏联历史、苏共历史，否定列宁，否定斯大林，搞历史虚无主义，思想搞乱了，各级党组织几乎没任何作用了，军队都不在党的领导之下了。最后，苏联共产党偌大一个党就作鸟兽散了，苏联偌大一个社会主义国家就分崩离析了。这是前车之鉴啊！"②

---

① 《赫鲁晓夫言论》第 3 集，世界知识出版社 1965 年版，第 3 页。

② 《十八大以来重要文献选编》(上)，中央文献出版社 2014 年版，第 113 页。

2022年10月16日，我们伟大、光荣、正确的中国共产党胜利召开的二十大，是在全党全国各族人民迈上全面建设社会主义现代化国家新征程、向第二个百年奋斗目标进军的关键时刻召开的一次十分重要的大会。2022年俄乌冲突爆发前后，俄罗斯总统普京先后指出，俄罗斯从未输给外国，苏联解体就是内部卖国导致的；俄罗斯不能没有社会主义。在此背景下，进一步科学认识苏联亡党亡国的根本原因和教训，从中获得治党兴国的历史启示，有着特殊的重要性、必要性和紧迫性。这对于坚持党的自我革命，跳出政党、政权兴衰的历史周期率，团结世界各国人民，解决国际共产主义运动已经提出但尚未完全解决的这一严肃、严酷的重大课题，永葆党的革命性、先进性和纯洁性，领导中国人民为全面建成社会主义现代化强国、全面推进中华民族伟大复兴、创造人类文明新形态、构建人类命运共同体而团结奋斗都具有重要的现实和历史意义。

一、从赫鲁晓夫到戈尔巴乔夫领导集团在思想上政治上的蜕化变质是苏联亡党亡国的根本原因

苏联亡党亡国的原因是多方面的，必然是历史合力的结果，但是，其中必有一种是起决定性作用的根本原因。正如毛泽东同志指出的，“任何过程如果有多数矛盾存在的话，其中必定有一种是主要的，起着领导的、决定的作用”[①]。在苏联亡党亡国的众多原因中，究竟哪一种是主要的，起着领导的、决定的作用呢？

早在新中国诞生前，毛泽东就高度关注如何确保党及政权永不变质这一重大课题。这就有了毛泽东 1944 年的“甲申对”、1945 年的“窑洞对”和 1949 年的“赶考说”。新中国成立后，毛泽东对打破“其兴也勃焉，其亡也忽焉”的王朝兴衰的历史周期率殚精竭虑。毛泽东

① 《毛泽东选集》第 1 卷，人民出版社 1991 年版，第 322 页。

认为：党的高层尤其是党的领导集团对党及政权永不变质有着极端的重要性和决定性；党的高级干部必须成为马克思主义的政治家；我们党必须在大风大浪中培养千百万一批又一批的无产阶级革命事业的接班人。

1989年平息春夏之交政治风波后的6月16日，邓小平即指出："只要有一个好的政治局，特别是有一个好的常委会"，"什么乱子出来都挡得住"；"但是如果中央自己乱了阵脚，那就难说了。这是最关键的问题。"①1992年年初，在苏联亡党亡国的悲剧发生后不久，邓小平在视察深圳时说："中国出问题，不是出在其他什么方面，而是出在共产党内部。苏联、东欧的问题，就是出在共产党内部。如果我们党出问题，整个国家肯定出大问题。"他还说："垮下来可是一夜之间啊！垮下来容易，建设就很难。苏联、东欧垮得多快！苏联这么强的国家，几个月一下子就垮了。如果中国不接受这个教训，在苗头出现时不注意，就如戈尔巴乔夫那样的'新思维'出

① 《邓小平文选》第3卷，人民出版社1993年版，第310页。

来以后没注意那样，就会出事。”[①] 江泽民深刻指出：“归根到底，是苏联东欧党的领导者执行了一条错误的路线，错误的方针和政策，严重脱离了群众所造成的。”[②] 胡锦涛也深刻指出，苏共垮台、苏联解体，“原因是多方面的，其中很重要的一条就是理论上政治上出了问题”[③]。

2018 年 1 月 5 日，习近平总书记深刻指出：“我们常说，基础不牢，地动山摇。信念不牢也是要地动山摇的。苏联解体、苏共垮台、东欧剧变不就是这个逻辑吗？苏共拥有 20 万党员时夺取了政权，拥有 200 万党员时打败了希特勒，而拥有近 2000 万党员时却失去了政权。我说过，在那场动荡中，竟无一人是男儿，没什么人出来抗争。什么原因？就是理想信念已经荡然无存

---

① 吴松营：《邓小平南方谈话真情实录——记录人的记述》，人民出版社 2012 年版，第 66—67 页。

② 转引自周新城：《能说“十月革命道路是行不通的”吗？》，《延安大学学报》（社会科学版）2017 年第 6 期。

③ 《胡锦涛文选》第 1 卷，人民出版社 2016 年版，第 453 页。

了。”[①]2016 年 1 月 12 日，习近平总书记在中国共产党第十八届中央纪律检查委员会第六次全体会议上的讲话中深刻指出：“党内存在野心家、阴谋家，从内部侵蚀党的执政基础，我们不能投鼠忌器，王顾左右而言他，采取鸵鸟政策，这个必须说清楚。”[②] 进一步深入研究苏联亡党亡国这一重大历史事件并得出科学结论，必然有助于从理论与实践的结合上说清楚习近平总书记所提出的“党内存在野心家、阴谋家，从内部侵蚀党的执政基础”这一重大问题和重大课题，有助于着力解决国际共产主义运动已经提出但尚未甚至远未解决的这一严肃的重大课题。

我们常说，经济基础决定上层建筑，这是放入历史长时段中的一般规律。我们还应记住，在一定范围和一段时期内，在一定条件下，政治的上层建筑对经济基础

① 习近平：《推进党的建设新的伟大工程要一以贯之》，《求是》2019 年第 19 期。

② 《习近平关于全面从严治党论述摘编》，中央文献出版社 2016 年版，第 87 页。

可以起决定性的反作用，并对上层建筑直接起着决定性的作用。也正因如此，党中央是政治的上层建筑中最为宝贵、最为重要的部分。党的百年辉煌史告诉我们，无论是夺取政权、建立政权，还是治国理政，关键都是在党，在人，特别是在于党的高层尤其是党的领导集团。

俄罗斯人民有所思。苏联亡党亡国后，俄罗斯各界的反思也充分说明，苏联亡党亡国的根本原因在于党特别是党的领导集团的蜕化变质。后来转变了自己观点的苏联著名持不同政见者亚·季诺维也夫说，1979 年他侨居国外时，有人向他提出一个问题：苏维埃制度的哪些地方最容易被攻破？他的回答是："那些被认为是固若金汤的地方，即苏联共产党机关，它的中央委员会，它的政治局，最后是它的总书记……只要把自己的人安排在这一位置"，"只需几个月他就可以搞垮党的机关……然后，整个政权和管理体系开始出现解体连锁反应。"[①]

① 李慎明主编：《亲历苏联解体：二十年后的回忆与反思》，张树华等译，社会科学文献出版社 2012 年版，第 237—238 页。

（一）从赫鲁晓夫到戈尔巴乔夫领导集团在思想上政治上的蜕变

1970年八九月间，针对当时与林彪集团的斗争，毛泽东明确指出："思想上政治上的路线正确与否是决定一切的。党的路线正确就有一切，没有人可以有人，没有枪可以有枪，没有政权可以有政权。路线不正确，有了也可以丢掉。"[①] 毛泽东在晚年多次强调上述思想。这一重要乃至重大思想具有普遍规律性。习近平总书记再三强调，要"加强顶层设计""更加注重改革的系统性、整体性、协同性"[②]。加强顶层设计，就是思想路线要正确、政治路线要正确，确保改革开放始终坚持正确方向、沿着正确道路前进。所以，党和党的领导的根本体现和表现，是在党的思想路线与政治路线上。苏共亡党、苏联解体的根本原因，说到底，就是从赫鲁晓夫到戈尔巴乔夫领导集团在思想上政治上的蜕变。

---

① 《建国以来毛泽东文稿》第13册，中央文献出版社1998年版，第242页。

② 《习近平谈治国理政》第1卷，外文出版社2018年版，第68页。

世界上有各种各样的理论体系，但唯有马克思列宁主义是关于全世界无产阶级和全人类彻底求解放的科学理论体系，是放之四海而皆准的真理。从一定意义上讲，这样一种科学、开放而又不断发展的理论体系从马克思恩格斯创立以来已经成为客观存在。路线有思想路线、政治路线、组织路线、群众路线等，统称路线。思想路线和政治路线则是一定的政党或个人在一定理论体系指导下主观能动性得以发挥的直接体现。毛泽东指出，“路线正确与否，不是理论问题，而是实践问题”[①]。按照毛泽东的观点，我们所讲的信仰、理论、政治、经济、组织、作风、外交、人生观这八个方面之间，不是相互并列的关系，而是有着相互交叉的统领与被统领关系。信仰、理论、人生观这三个方面属于思想路线，是指一定的阶级、政党乃至个体与马克思主义的科学理论体系相结合的实然状况；但这不属于理论问题，而是思想方面的实

---

① 《毛泽东年谱（1949—1976）》第4卷，中央文献出版社2013年版，第98页。

践问题。政治、经济、组织、作风、外交这五个方面本质上都属于政治路线方面的实践问题。从一定意义上讲，这五个方面中的经济是基础，政治与前面所说的思想一样是灵魂和统帅；这五个方面中的组织、作风、外交等各项工作又属于政治路线方面的广义的业务工作的具体体现。在以上八个方面的关系中，政治与经济、政治与业务都是对立统一的关系。思想工作和政治工作，是完成经济工作和技术工作、业务工作的保证，是为经济基础服务的。思想和政治又是统帅、是灵魂、是“君”，经济工作和技术工作、业务工作，是“臣”；政治工作不仅是一切经济工作的生命线，同时也是一切技术工作、业务工作的生命线；思想工作和政治工作稍微一放松，经济工作和技术工作、业务工作就一定会走到邪路上去。[①]毛泽东说过，“一切问题的关键在政治”[②]。习近平总书记

---

① 以上主要观点参见《毛泽东文集》第 6 卷，人民出版社 1999 年版，第 449—450 页；《建国以来毛泽东文稿》第 7 册，中央文献出版社 1992 年版，第 25 页；《毛泽东文集》第 7 卷，人民出版社 1999 年版，第 351 页。

② 《毛泽东文集》第 3 卷，人民出版社 1996 年版，第 202 页。

多次强调要旗帜鲜明讲政治，不断提高政治判断力、政治领悟力、政治执行力，就是要自觉地、充分地发挥马克思主义政党和每位共产党人的主观能动性，信心十足地为着不断实现党的现阶段目标与最终大目标即践行初心使命而少走弯路。这具有十分重大的现实意义和深远的历史意义。

马克思列宁主义与思想路线、政治路线这三者之间既是高度的有机统一，又有相互区别。马克思列宁主义是指导我们思想的理论基础，思想路线是我们共产党人对马克思主义的学习、掌握及与具体情况相结合后的思想认知状况，政治路线则是我们将马克思主义与具体实践相结合后制定的最高纲领与现行纲领相统一的方针、政策及具体策略等。

苏联领导集团蜕化变质的根本原因是从赫鲁晓夫领导集团开始质变到戈尔巴乔夫领导集团的彻底背叛社会主义，执行了错误乃至反动的思想政治路线所致。戈尔巴乔夫领导集团是从赫鲁晓夫领导集团的思想政治路线中孕育和成长起来的。当时，虽然苏联党和国家积累了大量严重问题，但亡党亡国不是必然的。从一定意义上讲，戈尔巴乔夫领导集团上台前，苏联仍然是超级大国，有强大的国家实力。由于戈尔巴乔夫把改革引上资本主义邪路和绝路，才使党和国家失去了存在和发展的全部合法性、正义性基础。可见，党和人民正确选择领导人和领导人的正确领导极其重要。把这个问题说清楚，具有极强的警示作用和现实意义，可以避免我们犯同样的错误；把这个问题讲清楚，更能认识到中国共产党选择习近平同志掌舵领航，是极其正确的选择，也是中华民族之幸，就会更加深刻地领悟“两个确立”的决定性意义，更加自觉地做到“两个维护”。

从赫鲁晓夫到戈尔巴乔夫领导集团在思想上政治上的蜕化变质，主要表现在以下八个方面。

1. 信仰上：从动摇、背离、放弃到彻底背叛社会主义、共产主义理想信念

这里所说的共产党人的信仰，主要是指对人类社会历史发展规律的认知和坚守。苏联共产党从建党到解散，经历了八九十个春秋。列宁、斯大林时期，苏共历经十

月革命、外国武装干涉、国内反革命叛乱、德国法西斯入侵等战火洗礼，在严酷环境中经受住了巩固社会主义政权、发展社会主义事业的严峻考验，在苏联人民和世界人民中享有崇高威望，具有强大凝聚力、号召力、战斗力。然而，斯大林去世后，苏共高层的理想信念开始动摇，到戈尔巴乔夫领导集团时期，最终放弃了马克思列宁主义，放弃了无产阶级政党的性质、宗旨和目标，党、国家、军队和人民沦为一盘散沙，面对敌对势力的猖狂进攻不战而溃。

纵观历史，苏共理想信念发生动摇始于赫鲁晓夫当政时期。作为苏联共产党的领袖，赫鲁晓夫缺少基本的马列主义修养。毛泽东曾这样评价赫鲁晓夫：“他不懂马列主义，易受帝国主义的骗。”[①] 美国总统尼克松在谈到赫鲁晓夫时说：“他信仰共产主义事业及其胜利的必然性，但他只是逢礼拜天在理论的祭坛上做做礼拜而已。”[②]

---

① 《建国以来毛泽东文稿》第 8 册，中央文献出版社 1993 年版，第 601 页。

② 参见［美］尼克松：《领袖们》，刘湖等译，知识出版社 1983 年版，第 241 页。

遗憾的是，赫鲁晓夫采取“两面人”的办法得到了斯大林的提拔。斯大林在世时，他歌颂斯大林是“生身的父亲”“英明的领袖”“天才”；斯大林去世后不久，他在苏共二十大的“秘密报告”中攻击斯大林是“迫害狂”“自大狂”，“仅仅从电影上去研究国内和农业的情况”，“用地球仪来制订作战计划”等，说“斯大林晚年所形成的领导实践成为苏联社会发展道路上的一个严重障碍”。[①]1961 年，在赫鲁晓夫主持下，苏共二十二大作出将斯大林遗体迁出列宁墓的决议。此后，苏联各地出现了毁坏斯大林雕像和纪念碑的行径，苏联再次掀起否定斯大林的浪潮。

斯大林代表着苏联党和国家的一段重要历史，是苏联党和国家的重要象征。因此，对斯大林功过的评价就不是一个简单的对斯大林个人评价的问题，也不是苏联一党一国的问题。尽管斯大林有这样那样的错误，但不

① ［俄］尼基塔·谢·赫鲁晓夫：《赫鲁晓夫回忆录》（选译本），述弢译，社会科学文献出版社 2005 年版，第 400、402、410、395、412 页。

能历史地科学地分析斯大林的错误，不能分清他领导的苏共和苏联时期的主流和支流，并开展有效的教育引导，就会导致十分严重的后果。全盘否定斯大林，不仅否定了斯大林时期苏共和苏联的成就，严重损害了苏共和苏联的形象，动摇了人们对社会主义、共产主义的理想信念，而且冲击了年轻一代的世界观、价值观，出现了一批向往西方资本主义的无产阶级政权的“掘墓人”，造成社会的思想动荡。戈尔巴乔夫、雅科夫列夫和叶利钦就是其中的主要代表。戈尔巴乔夫在苏联解体后说，苏共二十大大反斯大林“具有重大的意义”，“这一批判使极权主义在道义上声誉扫地”，“是使我国社会朝民主化迈进的第一次尝试”。[①] 实践已经证明，戈尔巴乔夫所说的“民主化”方向实质上就是国内资本和西方国家联合起来对苏联人民、俄罗斯人民进行赤裸裸的专政。

回顾历史，在中苏论战时期，中苏两党围绕如何评

① 《戈尔巴乔夫回忆录》(上)，述弢等译，社会科学文献出版社 2003 年版，第 99、103 页。

价斯大林以及苏联社会主义实践出现严重分歧。以毛泽东同志为主要代表的中国共产党人，坚定维护斯大林的历史地位和历史功绩，彰显了毛泽东和中国共产党人的深刻洞见和政治远见。如果说当时的人们尚不能完全看清楚错误对待斯大林及苏联社会主义所产生的严重后果，尚不能完全理解中国共产党主张科学评价斯大林、充分肯定苏联社会主义成就所具有的深远意义，那么，苏共二十大召开 35 年后苏联发生亡党亡国的悲剧，苏联解体 30 多年后中国特色社会主义取得举世瞩目的成就，则为我们重新认识那段历史，分清是非曲直，提供了正反两个方面的经验教训。抚今追昔，孰是孰非，历史和现实已然有了公断。

赫鲁晓夫对马克思主义的重大理论问题，经历了从一知半解到模糊篡改、最终背离的过程。他在苏共二十大上把“和平共处”“和平过渡”“和平竞赛”作为社会主义国家对外政策的总路线，认为这样就可以给全部资本主义关系以“毁灭性的打击”，就可以在全世界实现社会主义。他在苏共二十二大上推出“全民党”和“全民国家”理论，把苏共从无产阶级性质的政党，开始变为资产阶级性质的“全民党”。苏共二十二大通过的纲领取消了“无产阶级专政”这一马克思主义的核心思想，代之以抽象的所谓的“人道主义”。他在1959年提出苏联已进入“全面展开共产主义社会建设的时期”，1961年又宣称苏联要在“20年基本建成共产主义社会”，预判“我们这一代苏联人将要在共产主义制度下生活”。这些严重脱离当时国际斗争形势和苏联社会实际，严重违背科学社会主义原则的路线、纲领，搞乱了广大苏共党员以及苏联人民的思想，使苏联开始偏离社会主义发展的正确方向，为后来苏共垮台、苏联解体种下祸根。

在勃列日涅夫时期，苏联领导集团虽然修正了赫鲁晓夫时期的一些实践中的错误，也推行了一些新的方针政策，使苏联社会有了一定的发展，却牢牢抱着赫鲁晓夫主持的苏共二十大的错误理论不放；社会主义、共产主义理想信念在勃列日涅夫等为代表的苏联特权集团那里已经荡然无存了。勃列日涅夫本人满足现状，贪图享乐，热衷于别人对他的阿谀奉承，马克思主义、共产主义不过是常挂在他嘴边、连他自己都不信的假话套话。

勃列日涅夫的侄女柳芭在美国出版的英文回忆录《我留下的世界：过去的片段》中披露，勃列日涅夫曾对自己的弟弟说：“什么共产主义，这都是哄哄老百姓的空话。”上有所好，下必甚焉。那时，苏联社会风气奉行“说一套做一套”，贪污腐化盛行，很多人加入共产党不是为社会主义建设事业、为共产主义理想而献身，而是为了捞取一官半职，直至将攫取更多的个人和小集团利益视为其最大追求。他们表面上以革命者和社会主义建设领导人的面目出现，扮演着人民利益和国家利益维护者的角色，而实际上他们已经没有马克思主义信仰，没有社会主义共产主义的理想信念，只是专心地维护自己的特权。

当然，在赫鲁晓夫、勃列日涅夫时期，苏联广大党员和人民群众还是有社会主义共产主义的理想信念的，还是在真诚地建设社会主义的。20世纪七八十年代苏联真正成为可以和美国比肩的超级大国，根本原因就在于此。但是，作为主要领导人的赫鲁晓夫、勃列日涅夫等人的政治信仰却已完全改变。

如果说勃列日涅夫时期党的干部至少在表面上还能

维护马克思主义、共产主义信仰的话，那么到了戈尔巴乔夫时期，他们就干脆撕掉伪装，公开否定马克思主义、共产主义。戈尔巴乔夫早在上大学时就开始怀疑马克思主义的科学性。大学毕业后，赫鲁晓夫苏共二十大的“秘密报告”加速了他的思想转变。他就任苏共总书记后，举起所谓“人道的、民主的社会主义”这个既能欺骗人又能达到自己目的的旗号，开始有步骤地毁灭苏联的社会主义制度。苏联解体后，戈尔巴乔夫坦言，共产主义是“一种几乎不可能实现的口号”，俄罗斯的悲剧就在于，“卡尔·马克思的晚年时代已经死去的思想，却在20世纪初的俄罗斯被选择，它被引进于现实社会里，这是一个错误”。他还说，早在学生时代，他就发现“社会主义的现实与理想相差十万八千里了”，他为能在改革年代里“把共产主义的影响所造成的许多恶果从人们的意识中清除掉而感到非常的荣幸”。[①] 美国经济学家莱斯特·瑟

① ［俄］戈尔巴乔夫、［日］池田大作：《20世纪的精神教训》，孙立川译，社会科学文献出版社2005年版，第384、116、391页。

罗（Lester C. Thurow）曾说：“苏联解体前后，我正好在莫斯科。苏联解体的根本原因，是戈尔巴乔夫丧失了对马克思主义和共产主义的信念”，“试想，保罗二世今天宣布上帝不存在，明天的基督教世界将是什么模样？！”[①]

在戈尔巴乔夫时期担任过苏共中央书记处书记、苏共中央宣传部部长、被称作“戈尔巴乔夫主要智囊人物”的雅科夫列夫，在1985年12月就向戈尔巴乔夫进言道：“在我国的实践中，马克思主义不是别的，而是一种新的宗教，它屈从于专制政权的利益和它任性的要求。”“马克思列宁主义的教条主义阐释，其危险已足以使任何创造思维甚至经典思维都毁灭殆尽。”[②]1991年8月2日，他在接受塔斯社记者采访时公开说：“我们的不幸来源于马克思主义的教条”，“我反对把马克思主义作

---

① 李慎明主编：《居安思危——苏共亡党二十年的思考》，社会科学文献出版社2011年版，第41页。

② ［俄］亚·尼·雅科夫列夫：《一杯苦酒——俄罗斯的布尔什维主义和改革运动》，徐葵、张达楠等译，新华出版社1999年版，第28页。

为行动指南，断定社会主义会失败”。[①]苏联解体后，他坦承：“实质上，马克思据以建立其‘科学社会主义’世界观大厦的全部具体经济结论中没有一个是在实践中得到证实的。”不仅如此，雅科夫列夫还对资本主义赞不绝口、顶礼膜拜：“资本主义带来了实用主义的伦理。在资本主义的自由、平等、博爱的口号中体现了崇高的理想主义……”[②]

戈尔巴乔夫的另一得力助手，担任苏联外长的谢瓦尔德纳泽也谈到过自己政治思想上的转变过程。1991 年，他在回答法国电视台记者提问时说：“我们在一个时期里有过共产主义理想，并为实现这一理想进行过斗争。后来我慢慢地意识到我坚信的东西是不可能实现的，必须改变这一现象。90 年代初的一天，我对戈尔巴乔夫说，我们的制度已腐烂了，必须全部加以摧毁，并自上而下

① 转引自季正聚、彭萍萍、吕楠：《中国共产党党内民主建设的理论与实践研究》，山东人民出版社 2015 年版，第 257 页。

② ［俄］亚·尼·雅科夫列夫：《一杯苦酒——俄罗斯的布尔什维主义和改革运动》，徐葵、张达楠等译，新华出版社 1999 年版，第 65、339 页。

地进行彻底改造。”[①]

2. 理论上：从不学、不懂、偏离到最终背离、背叛马克思列宁主义

这里所说的理论上，主要是指对马克思主义基本原理学习掌握并与具体实践相结合的实际状况。斯大林之后的苏共领导人，从不读、不懂、偏离到最终背离、背叛马列主义。他们既不能应对时代的挑战，也不能应对帝国主义的“和平演变”战略。

赫鲁晓夫早年没受过系统文化和理论教育，从政后也没有认真学习马克思主义理论。莫洛托夫曾这样评价道，他对什么是列宁主义，什么是马克思主义，从来就没有多大兴趣，也没有想过，在理论上一窍不通。[②]美国前总统尼克松也说：“我很难设想他实际上是否读过马克思的三厚卷《资本论》。在这方面，他与斯大林不同，后

① 江流等编：《苏联剧变研究》，社会科学文献出版社 1994 年版，第 144 页。

② 转引自李慎明总撰稿：《〈居安思危——苏共亡党的历史教训〉——8 集 DVD 教育参考片解说词》（下），《科学社会主义》2007 年第 1 期。

者广泛阅读并写下了大量有关共产主义理论的书籍。”[①] 正因为如此，赫鲁晓夫肆无忌惮地提出了“三和”“两全”等错误理论。他提出的“全民党”“全民国家”理论的根本错误，在于完全抛弃了马克思列宁主义关于“政党”“国家”本质的理论，混淆了党的阶级基础与群众基础的界限，把党的群众基础上升为党的阶级基础。他认为，社会主义条件下剥削阶级已经被消灭，在苏联社会除了还有极少数的犯罪分子之外，只存在根本利益一致基础上的全体人民，即由工人阶级、农民和知识分子组成的广泛的政治联盟，因此，苏联共产党不再是某一个阶级的政党了，而已经变成代表全体苏联人民利益的“全民党”了，苏共已成为“全民的政治组织”了。赫鲁晓夫无视苏联社会仍然存在一定范围的、在某种条件下可能激化的阶级斗争，无视国际上仍然存在社会主义同资本主义的复杂尖锐的阶级斗争，无视社会主义国家被国内外敌对势力颠覆的可能性和危险性，宣扬“阶级斗

① ［美］尼克松：《领袖们》，刘湖等译，知识出版社 1983 年版，第 241 页。

争熄灭论”，导致广大党员干部和人民群众误以为苏联社会已不存在阶级斗争了，已不存在反共、反社会主义势力了，因而失去了对资本主义复辟应有的警惕性。

勃列日涅夫年轻时当过工人、工程师，有农业、冶金方面的专业知识，但他缺乏理论修养，对社会科学理论不感兴趣，对马克思主义更是缺乏系统了解。成为苏共最高领导人后，他把很多时间和精力花在打猎、开汽车兜风以及其他活动上。1965 年在讨论纪念苏联卫国战争胜利 20 周年的报告初稿时，他说：“我很难弄明白这一切。坦率地说，我不是搞这方面工作的（指理论方面的工作——引者注）。我的强项是做组织工作和了解人的心理。”① 他对自己的助手们也说：“写简单点，不要把我写成个理论家，否则，不管怎么样，谁也不会相信这是我写的，他们将会嘲笑我的。”他有时要求删去引自马克思主义经典著作的话，并解释说：“有谁会相信我读过马

① 转引自张捷：《从俄罗斯纪念勃列日涅夫百岁诞辰说起》,http://m.wyzxwk.com/content.php?bclassid=4&cid=4&classid=13&cpage=8363&id=17446&style=0。

克思著作呢！”[1] 据有关档案显示，20 世纪 70 年代苏共高层领导人的活动中根本没有学习马克思主义著作的任何记录。高层领导人如此，其他党员、干部的理论学习状况就可想而知了。

勃列日涅夫不重视对马克思主义理论的学习，也不能科学领会马克思主义理论的精髓，因此，他不仅不能从根本上纠正赫鲁晓夫时期的理论错误，反而沿袭了赫鲁晓夫的错误观点。比如，1977 年 10 月通过的苏联新宪法依然写入了赫鲁晓夫发明的“全民国家”“全民党”概念。他还强调苏联社会关系的“成熟”和社会主义民主的“最深刻”，强调苏联各共和国各民族的团结和谐，而掩盖了苏联在经济、政治、民族政策等方面潜藏的或显现的严重问题，否定了苏联社会的生产力与生产关系、经济基础与上层建筑之间仍然存在着矛盾，也就从思想上理论上实践上否定了苏联社会需要进行深刻变革的必

① ［俄］格·阿·阿尔巴托夫：《苏联政治内幕：知情者的见证》，徐葵、张达楠等译，新华出版社 1998 年版，第 162 页。

要性、必然性。勃列日涅夫常说，改什么呀，把工作做好就行了。在勃列日涅夫长达18年的执政期间，苏联社会在表面的繁荣下面积累了越来越多、越来越深的矛盾，已经暴露的和尚未暴露的危机四伏，为此后苏联社会大动荡和苏联解体埋下了极其严重的隐患。

关于戈尔巴乔夫的马克思主义理论修养，他的办公厅主任瓦·博尔金是这样评论的："他非常熟悉党的历史和列宁的著作，常常运用这方面的知识……不过，戈尔巴乔夫也不熟悉马克思和恩格斯的著作。"[①] 他受过高等教育，毕业后又长期从事党务工作，有着丰富的工作经验。就是这位被葛罗米柯称为"学识渊博""才思敏捷而深刻"的年轻总书记，由于他的世界观价值观发生演变，彻底放弃了马克思主义信仰，最终倒向了民主社会主义。1988年6月，苏共第十九次全国代表会议正式提出要建设"人道的、民主的社会主义"。1990年，苏共中

---

① ［俄］瓦·博尔金:《戈尔巴乔夫沉浮录》，李永全等译，中央编译出版社1996年版，第124页。

央二月全会认为苏共的理想就是建立“人道的、民主的社会主义”。1990年3月，戈尔巴乔夫在《未来世界与社会主义》一文中指出，“在社会党人与共产党人之间，已不再存在从前使他们分裂的鸿沟”，“在人道的、民主的价值观的基础上”的“政治立场”，还有“世界观立场上都接近了”；改革所要实现的“真正的社会主义”中，“包含着原来就为社会主义运动其它流派所赞同的基本价值观”。[①]1990年7月，苏共二十八大通过了《走向人道的、民主的社会主义》的纲领性文件，[②]这标志着苏共的性质已经发生了根本性的变化。苏共虽然没有改名换姓，但已经名存实亡。戈尔巴乔夫后来承认：“在改革那几年我们就想使苏联共产党成为社会民主党。当时已经起草了预定召开的苏共第二十九次代表大会的相应计划。但是，叛乱（戈尔巴乔夫对1991年“8·19”事件的称谓——引

① ［俄］戈尔巴乔夫等：《未来的社会主义》，中央编译局国际发展与合作研究所编译，中央编译出版社1994年版，第20、13页。

② 参见《苏联问题资料》，中国社会科学院苏联东欧研究所编译组编译，东方出版社1990年版，第1页。

者注）以及叶利钦采取的实际上禁止苏共活动的政策使得这次代表大会无法举行。”①

所谓“人道的、民主的社会主义”，源于伯恩施坦修正主义和第二国际右翼的社会民主主义，以及社会党国际的民主社会主义。戈尔巴乔夫所谓“人道的、民主的社会主义”的实质，是打着“人道”“民主”“社会主义”等迷惑性很强的旗号，通过所谓的改革在苏联全面推行资本主义制度。按照所谓“人道的、民主的社会主义”理论来改造苏共和苏联社会，就是用西方社会民主党的那一套旧理论来替代马克思主义理论基础，就是要取消苏共的执政地位，在苏联确立多党制、议会民主、三权分立、总统制，搞军队“非党化”“非政治化”“国家化”，搞经济私有化和自由市场经济，把苏联的社会主义全面改变成资本主义。

戈尔巴乔夫的这套理论和主张并不是一下子产生的，

---

① ［俄］戈尔巴乔夫、［俄］斯拉文：《尚未结束的历史：戈尔巴乔夫访谈录》，孙凌齐、李京洲译，中央编译出版社 2003 年版，第 157 页。

其思想政治渊源可以追溯到赫鲁晓夫时期。我们党的一位领导同志曾指出：“赫鲁晓夫在苏共二十大的秘密报告，全盘否定斯大林，否定马克思列宁主义的阶级斗争和无产阶级专政学说，鼓吹什么‘全民党’‘全民国家’，把党和人民的思想搞乱了。苏联今日的演变，从赫鲁晓夫时期已开始埋下了种种危机。”[①]具体来说：一是赫鲁晓夫在苏共二十大上全盘否定斯大林，实质上是全面地污蔑和攻击苏联共产党和社会主义制度，而否定党的历史和现实社会主义制度是“人道的、民主的社会主义”赖以提出和蔓延的前提条件；二是赫鲁晓夫提出“一切为了人，一切为了人的幸福”是党的纲领性目标，这里的“人”指的是抽象的、无阶级之分的人，这实际上是把人道主义这一唯心史观作为党的指导思想，而这恰恰构成了“人道的、民主的社会主义”的理论核心；三是赫鲁晓夫提出的否定阶级斗争、反对无产阶级专政的“全民

① 转引自李慎明主编：《历史在这里沉思——苏联解体20周年祭》，社会科学文献出版社2011年版，第41页。

党”“全民国家”这一修正主义观点，是“人道的、民主的社会主义”路线的理论基础；四是赫鲁晓夫的核恐怖理论，否认在核武器条件下国际矛盾的存在，鼓吹国际阶级合作，这也构成了戈尔巴乔夫外交“新思维”的理论根据。当1956年赫鲁晓夫提出修正主义观点的时候，人们很难想象经过30多年的蔓延，这些修正主义观点形成了一条完整的“人道的、民主的社会主义”路线，最终造成苏联亡党亡国的局面。

3. 政治上：从弱化、歪曲到彻底否定、背叛党的领导和马列主义建党原则

这里所说的政治上主要是指党在自身建设和执政过程中的各项大政方针、纲领与行动。斯大林之后的苏联领导人没有制定、执行正确的政治路线，在实践中淡化、弱化、歪曲党的领导，直至否定党的领导、背叛马列主义建党原则、羡慕和照搬资产阶级民主制度，最终出现政权倾覆的结果。赫鲁晓夫和勃列日涅夫在一定程度上把党赋予自己的为人民服务的权力变为谋取个人和特权阶层私利的工具，损害和破坏了党的集中统一领导。

赫鲁晓夫掌权初期，出于反斯大林的政治需要，主张把党政最高领导职务分开，实行集体领导。而当他的权力地位稳固后，就开始破坏民主集中制，排挤打压政治反对派。到 1958 年，随着贝利亚（Лаврентий Берия）被处决，马林科夫（Георгий Маленков）、卡冈诺维奇（Лазарь Каганович）、莫洛托夫、布尔加宁（Николай Булганин）等人被打成“反党集团”清除出政治舞台，赫鲁晓夫在许多问题上实行个人专断，同时树立自己的权威，搞新的个人迷信。

1961 年苏共二十二大决定建立干部更新制度，但硬性规定每次例行选举，中央委员及主席团成员至少更换 1/4，加盟共和国党中央、边疆区委、州委的成员至少更换 1/3，市委、区委、基层党组织党委会或支委会的成员至少更换一半。各级干部连续当选的次数也有规定：苏共中央主席团成员可连任 3 届，每届 4 年；边疆区委、州委、市委和区委书记可连任 3 届，每届 2 年；而基层党组织书记只能连任 2 届，每届 1 年。频繁的干部变动调换，使各级领导干部缺乏继承性和安全感，对工作的连续性也产生了不利影响，引起各级干部的不满。

1962 年 11 月，赫鲁晓夫决定对地方党的组织结构和领导机关进行改组，把州和边疆区的党组织划分为领导工业的党组织和领导农业的党组织，彼此独立，互不隶属，同时还对苏维埃、工会和共青团的组织及其领导机构进行相应的改组。实践证明，划分工业党组织和农业党组织是不恰当的，非但没有产生预期的效果，反而造成极大恶果，割断了工业与农业之间的紧密联系，破坏了党的统一领导，造成了混乱。

勃列日涅夫上台后，取消了工业党组织和农业党组织的划分，重新按地区建立统一的党组织和领导机关，同时调整了最高领导体制，废除了干部频繁更换制度等。但勃列日涅夫过分强调干部队伍的稳定性和连续性，形成了领导职务终身制，干部队伍老化。

戈尔巴乔夫上台后，则公开否定党的最高权力，建立权力高度集中的总统制，从内容到形式完全抛弃了人民当家作主这一社会主义政权的本质，把党的权力变成了推翻党的领导和社会主义制度的工具。

戈尔巴乔夫直接继承了赫鲁晓夫的衣钵，主张苏共要“排除任何阶级的专政”。他还攻击无产阶级专政是“专制”“独裁”“导致了恣意妄为和无法无天”。他鼓吹所谓“一般的、全民的民主”，赞扬赫鲁晓夫的“全民国家”理论，声称“改革的最终目的是全面充实人权”，使国家制度达到“完全的全民性”，认为这符合“全民国家这一政治结论”。

戈尔巴乔夫批判苏联的社会主义是“极权主义”，认为苏联的“极权社会主义”引起了“人与政治、政权，人与生产资料、财产，人与文化的异化”，造成了政治垄断、经济垄断和精神垄断。要克服异化，消除垄断，必须首先结束苏共对政权的“垄断”。1990 年苏共中央二月全会决定修改苏联宪法第六条，取消苏共在国家中的领导地位。一个月后，苏联人民代表大会通过了《关于设立苏联总统职位和苏联宪法（根本法）修改补充法》，取消了苏联宪法规定苏共领导地位的第六条，认为“苏联公民有权结成政党”，苏联开始仿效西方国家实行多党制。

戈尔巴乔夫还全面背叛了马列主义建党原则。他放弃马克思列宁主义指导地位，鼓吹指导思想多元化，主张各种思想“自由竞赛”，实质上是用所谓“人道的、民主的社会主义”取代马克思主义的科学社会主义。他放弃共产主义远大理想，宣称苏联共产党是“自治的政治组织”“志同道合者自愿的联合组织”，苏共“准备同其他政党和运动进行公开竞赛与合作”，“在选举范围内争取保持执政党的地位”。他抛弃民主集中制，推行“普遍民主的原则”，“摒弃多数人对少数人的统治”，允许党内派别组织合法存在，下级党组织有权拒不执行上级党组织的决定。他抛弃苏共对群众团体的领导，宣称苏共与共青团、工会等群众团体是一个平等的“合作者”，苏共不干涉它们的内部事务。在这些理念指导之下，苏共彻底丧失了无产阶级先锋队性质，由一个马克思主义执政党变为组织总统选举和议会选举的议会党。

4. 经济上：从“公有化程度越高越好”到抛弃社会主义公有制、搞全盘私有化

斯大林时期建立在社会主义公有制基础上的高度集

中的计划经济体制，在快速发展苏联社会生产力、跃升苏联综合国力等方面发挥了巨大作用，为取得反法西斯战争胜利提供了强有力的物质保证。第二次世界大战结束后，在和平建设环境中，随着经济交往的日益复杂，原有的所有制结构和经济运行机制越来越不能适应苏联进一步发展的要求，其在经济社会领域的弊端也越来越明显。斯大林晚年开始反思商品生产、价值规律等社会主义经济问题，在他逝世前半年意识到苏联改革是不可避免的。

赫鲁晓夫上台后，试图对当时高度集中的经济体制进行改革。然而他根本看不清楚苏联经济问题的实质所在，反倒认为“公有化程度越高越好”，进而不顾社会发展阶段和生产力发展水平，在所有制问题上急于向共产主义过渡。在赫鲁晓夫主持下，1961 年苏共二十二大通过的《苏联共产党纲领》明确提出：“随着向单一的全民的共产主义所有制和共产主义的分配制度的过渡，商品货币关系在经济上就将过时和消亡。”[①]

勃列日涅夫想当然地认为苏联的生产力已“高度发达”，生产关系已“高度成熟”，政治上已“高度民主”，苏联“各阶级、社会集团、各大小民族之间产生了新的、和谐的关系——友好合作的关系”。[②] 这种估计显然过高。

到了戈尔巴乔夫时期则走向另一个极端。戈尔巴乔夫攻击公有制占主体地位是“经济垄断”，妨碍了人们对生产资料所有制形式的自由选择，“使人同生产资料失去了联系”，束缚了人的劳动积极性。他提出，苏联的国家所有制“是行政命令体制的基础，这个体制束缚我们整个社会，不打破这种体制，国家根本不可能复兴和革新”，改革“主要而又刻不容缓的任务是通过财产非国有化、取消垄断，全面改革所有制关系”。[③]

---

① 《苏联共产党第二十二次代表大会主要文件》，人民出版社 1961 年版，第 236 页。

② 《苏联共产党第二十四次代表大会主要文件汇编》，生活·读书·新知三联书店 1976 年版，第 105 页。

③ 转引自汪亭友：《克里姆林宫的红旗因何坠地：苏联演变的根源探究》，当代世界出版社 2004 年版，第 177 页。

戈尔巴乔夫还主张在非国有化、私有化的基础上推行自由市场经济。1990 年 10 月，他在最高苏维埃会议上所作的《稳定国民经济和向市场经济过渡的基本方针》报告中，提出了四个阶段的改革任务：在“非常措施计划”的第一阶段，要“使财产非国有化和私有化，进行土地改革”；在“价格形成机制”的第二阶段，要“扩大非国有化的规模，实行小企业私有化”；在“形成市场经济”的第三阶段，要“支持经营活动、非国有化、私有化和发展竞争”，“尽快地把大部分企业从国家包办下解放出来，实行私有化”；在“稳定市场”的第四阶段也就是“完成阶段”，“必须向经济非垄断化、非国有化和私有化大踏步前进”。[①] 可见，戈尔巴乔夫提出的向市场经济过渡的实质是将苏联经济逐步引向全盘私有化。俄罗斯经济学家普切林采夫指出，戈尔巴乔夫的“非国有化就是私有化，也就是资本主义化。可以说，非国有化是私

---

① 转引自汪亭友：《克里姆林宫的红旗因何坠地：苏联演变的根源探究》，当代世界出版社 2004 年版，第 262 页。

有化的初级形式，私有化是非国有化的高级形式。开始时说非国有化，后来都说私有化”[①]。

1991年4月，苏联政府提出反危机纲领，“规定了非国有化和财产私有化的全盘措施”，对于全国具有特殊意义的特大型企业也要实行非国有化。同年7月1日，苏联最高苏维埃通过了私有化法。根据这项法律，国营企业将变成租赁企业或集体企业，改造成股份公司，招标出售或拍卖。按照当时的政策和法律，几年之后苏联即便不解体，其国有企业也将不复存在，社会主义经济基础将全部瓦解。

1991年“8·19”事件之后，俄罗斯等新独立的国家所推行的“休克疗法”，基本都是按照戈尔巴乔夫时期指引的方向推行的，并产生了严重后果。戈尔巴乔夫执政后期，苏联经济出现负增长，1989—1991年年均经济增长率为-9.6%，1991年达到创纪录的-13%。叶利钦时期

① 周新城:《对世纪性悲剧的思考——苏联演变的性质、原因与教训》，中国人民大学出版社2000年版，第233页。

的“休克疗法”，公开让寡头掠夺和分割国有财产。俄共领导人久加诺夫（Геннадий Зюганов）曾指出，当时在俄罗斯社会形成了一个“疯狂掠夺人民财产并运往西方的大资产阶级”，这个买办阶级“掌握了基本工业部门，垄断了自然资源、银行、报纸、电视台、电台等，并执掌国家政权，他们是使俄丧失强国地位和人民贫困的主要祸害”。[①] 普京时期的历史教科书则称“休克疗法”是对公民进行抢劫的“一桩大骗局”[②]。

5. 组织上：从放弃党的工人阶级先锋队性质、任人唯亲、拉帮结派到公开篡夺党的领导权

一定的组织路线总是为一定的政治路线服务的，政治路线决定组织路线。斯大林之后的苏联领导人执行的组织路线，逐步成为拉帮结伙、组织摧毁社会主义制度的政治工具。从赫鲁晓夫到戈尔巴乔夫领导集团，干部

---

① 汪亭友：《苏联演变研究方法论及相关基本问题》，《吉首大学学报》（社会科学版）2003 年第 2 期。

② ［俄］亚·维·菲利波夫：《俄罗斯现代史（1945—2006）》，吴恩远等译，中国社会科学出版社 2009 年版，第 320 页。

的选拔和任免变成了任人唯亲、拉帮结派、组织自己的私人小圈子，成为宗派主义的工具、家族统治的领地。

斯大林去世后，随着批判个人迷信和个人权力专断，苏共中央强调实行集体领导。但是，集体领导只实行了几年，赫鲁晓夫就通过把莫洛托夫、马林科夫、卡冈诺维奇等维护斯大林历史地位的苏共领导人打成“反党集团”，从而消除了苏共中央主席团中的不同意见。随着“反对派”的垮台和赫鲁晓夫个人权势的上升，集体领导又渐渐地名存实亡。也正因为如此，赫鲁晓夫个人专断、强迫命令的权威才得以树立，其意气用事、急躁冒进的许多决定才得以执行。

勃列日涅夫时期苏共中央主席团成员的选拔和剔除的标准就是看是不是亲信。勃列日涅夫毕业于第涅伯捷尔仁斯克冶金学院，曾长期在乌克兰的第涅伯彼德罗夫斯克、摩尔达维亚和哈萨克斯坦工作。他身边聚集的一批德才都不具备的亲信，有不少曾是他原来学习、工作过的地方的部下和朋友，人称“第涅伯彼德罗夫斯克帮”。吉洪诺夫（Николай Тихонов）的德才都很平庸，但仅因他是勃列日涅夫的同乡兼校友，便被任命为苏联部长会议主席。苏联部长会议副主席诺维科夫（Владимир Новиков）、斯米尔诺夫（Леонид Смирнов）、迪姆希茨（Вениамин Дымшиц）、鲍久尔（Иван Бодюл）等，克格勃第一副主席茨维贡（Семён Цвигун）以及副主席切勃里科夫（Виктор Чебриков）、齐涅夫（Георгий Цинёв）等，内务部部长谢洛科夫（Николай Щёлоков）、哈萨克斯坦第一书记库纳耶夫（Динмухамед Кунаев）等，也都是勃列日涅夫的校友、同乡或工作时的助手、部下。“第涅伯彼德罗夫斯克帮”权重一时，地位显赫，几乎垄断了所有重要的权力部门。官员想要获得升迁，首要问题不是自己的能力如何，而是要如何与这个“第涅伯彼德罗夫斯克帮”搭上关系。而勃列日涅夫不信任的人，像谢列平（Александр Шелепин）、波德戈尔内（Николай Подгорный）、谢列斯特（Пётр Шелест）、柯西金（Алексей Косыгин）、沃罗诺夫（Геннадий Воронов）等，就一个个被排挤掉，继而销声匿迹了。苏联外交家葛罗米柯曾私下发表感慨说：“我们的政治局就像百慕大三角一样，有的人突然从这里出现，有的人突然在这里消失。”[①]

勃列日涅夫的儿子尤里（Юрий Брежнев），43 岁当上外贸部副部长，46 岁升为第一副部长，在苏共二十六大上当选为候补中央委员。勃列日涅夫的女婿丘尔巴诺夫（Юрий Чурбанов）仅用 10 年时间就从一个低级军官晋升为上将，后又担任内务部第一副部长，在苏共二十六大上当选为候补中央委员。勃列日涅夫的四名助理——阿根托夫（Андрей Александров Агентов）、勃拉托夫（Анатолий Блатов）、戈利科夫（Виктор Голиков）、楚卡诺夫（Георгий Цуканов），在苏共二十六大上全部进入中央委员会。在勃列日涅夫时期，干部子弟的升迁主要是因为他们的身份和社会关系，而不是因为他们有什么出色的才能。一位知情人透露，“他们孤立地生活、治疗、休养，在这个阶层中往往形成自己的家族、氏族

---

① 《勃列日涅夫时代的苏联：抗拒改革的“停滞”盛世》，https://news.ifeng.com/history/special/fazhanmoshi/200909/0909_7964_1341385.shtml。

关系——须知这个阶层的子女们在一起度时光，互相认识，往往通婚”。由此，迈出了新的一步：“试图建立交权制度，或者叫做特权继承制度。也就是通过建立专收这些子弟的教育制度，然后通过一套任命和提升职务的制度来达到继承权力的目的。”[①] 勃列日涅夫也没有按照党的民主集中制行事。1979 年苏联出兵阿富汗，就是由勃列日涅夫和国防部部长乌斯季诺夫（Дмитрий Устинов）、葛罗米柯、苏斯洛夫（Михаил Суслов）四人作出决定，然后通知政治局的。[②] 表面上看，勃列日涅夫领导集体定期开会，按章办事，而实际上发扬民主、充分讨论不够，基本上是由少数几个人或者勃列日涅夫一个人说了算。

为了向资本主义快速演进，戈尔巴乔夫从组织人事政策的调整上入手，把坚持社会主义道路的人或比较正派的人设法排挤出去。1985 年 3 月，他一上台就把最有

---

① ［俄］格·阿·阿尔巴托夫：《苏联政治内幕：知情者的见证》，徐葵等译，新华出版社 1998 年版，第 309—310 页。

② 参见《四人拍板十年战 几多作俑青壮汉 苏出兵侵阿由勃氏等四人决定》，《人民日报》1989 年 3 月 15 日。

可能威胁他地位的罗曼诺夫（Григорий Романов）从政治局赶走，由谢瓦尔德纳泽代替葛罗米柯担任外交部部长，由雷日科夫（Николай Рыжков）取代戈尔巴乔夫最顽固的对手之一——吉洪诺夫担任总理，由叶利钦取代格里申（Виктор Гришин）任莫斯科市委第一书记，将当时看起来支持自己的利加乔夫（Егор Лигачёв）提升为苏共中央政治局委员。到 1986 年 2 月召开苏共二十七大前的短短一年时间，戈尔巴乔夫接二连三地进行重大人事变动，在苏共二十七大 12 名政治局委员中，二十六大的政治局委员只剩下 4 人，其中还包括他本人和提名他担任党的最高领导人的葛罗米柯。在此期间，各地方各部门的高级领导干部也进行了大规模的更换。到 1986 年 2 月，除俄罗斯联邦以外的 14 个加盟共和国党中央、最高苏维埃、部长会议的主要领导人更换了 19 人[1],40% 以

① 参见汪亭友：《克里姆林宫的红旗因何坠地：苏联演变的根源探究》，当代世界出版社 2004 年版，第 115 页。

上的正式中央委员是新人[1]。在1987年苏共中央一月全会上，戈尔巴乔夫在《关于改革和党的干部政策》长篇报告中提出了选拔任用干部的五项标准，其首要标准就是对待“改革”的态度。就是说，只有支持他的“改革”主张的人，才能得到提拔和重用。此后，他在多种场合强调坚持这个用人标准。在这种干部选拔任用思想指导下，戈尔巴乔夫撤换了一大批干部。到1988年年初，各部66%的在编人员被撤职、转岗或裁减。所有部长、中央机关的部门领导、各委员会负责人遭到替换、开除或数次调换岗位，干部轮换率超过100%。[2]

结果，苏共党内一大批敢于坚持原则的高级领导干部相继被撤换，那些善于逢迎拍马、见风使舵、信仰所谓“人道的、民主的社会主义”、恶毒攻击马克思主义与

---

① 参见［美］小杰克·F. 马特洛克：《苏联解体亲历记》(上)，吴乃华等译，世界知识出版社1996年版，第58页。

② 参见［澳大利亚］科伊乔·佩特罗夫：《戈尔巴乔夫现象——改革年代：苏联东欧与中国》，葛志强、马细谱等译，社会科学文献出版社2001年版，第148页。

社会主义制度的投机分子、反共反社会主义分子，却得到提拔与重用。比如，利加乔夫上任之初，得到戈尔巴乔夫很高评价，并被安排领导苏共意识形态工作，地位仅次于戈尔巴乔夫。而当利加乔夫对戈尔巴乔夫偏离社会主义方向的“改革”言行提出疑问甚至不满时，戈尔巴乔夫便一改常态，攻击利加乔夫是反对“改革”的“保守派”，是“改革的隐蔽的敌人”。在戈尔巴乔夫策划下，利加乔夫在“安德烈耶娃事件”后很快被停止主管中央意识形态工作，由完全倒向戈尔巴乔夫一边的雅科夫列夫继任。俄共中央主席久加诺夫在戈尔巴乔夫去世后发表的评论文章中指出：“自他（戈尔巴乔夫）上台以来，有近百名一把手、部长被开除出苏共中央。戈尔巴乔夫在自己周围聚集了一群彻头彻尾的叛徒，如雅科夫列夫之流、谢瓦尔德纳泽之流、叶利钦之流和巴卡金（Вадим Бакатин）之流。”

在戈尔巴乔夫、雅科夫列夫等人打压下，像利加乔夫、雷日科夫等出于对党和人民事业的忠诚而敢于谏言者，几乎被完全剥夺了作为党员、干部自由发表言论的权利，更谈不上对党的领导人与领导机构的批评监督权。这就能够解释美国学者大卫·科兹（David Kotz）曾经提出的一个疑问。1991 年 6 月，美国一个社会问题调查机构在莫斯科作了一次关于意识形态问题的调查，调查对象是掌握高层权力的苏联党政要员。结果显示：大约 9.6% 的人具有共产主义意识形态，他们明确支持“改革”前的社会主义模式；12.3% 的人具有民主社会主义观点，他们拥护“改革”，并希望国家实现民主化；76.7% 的人认为应当实行资本主义。大卫·科兹由此发出疑问：“作为一个世界上存在最长、影响最大的社会主义苏联，党的干部队伍内竟有那么多的人主张走资本主义道路，实在令人震惊。”[①] 出现这样的结果显然与戈尔巴乔夫通过组织手段将大批亲信提拔到苏共重要领导岗位上有着直接的关系。

---

① ［美］大卫·科兹：《对苏联解体原因的分析（摘要）》，《党史文汇》2001 年第 1 期。

6. 作风上：从形式主义、官僚主义到背离、背叛人民群众的根本利益

党的作风建设是党的建设的重要组成部分。党的作风建设中的群众路线体现了党的性质和宗旨。苏共曾经高度重视党风建设。列宁时期的党是真正的马克思主义性质的政党，那时的苏共作为无产阶级的先锋队，本着全心全意为了人民的解放与幸福事业而奋斗的宗旨，密切联系群众，坚决相信和依靠群众，团结和带领广大人民取得了十月社会主义革命的伟大胜利，同时拉开社会主义建设的伟大序幕，建立了不朽的历史功勋。在斯大林时期，苏共虽然也存在脱离实际等一些问题，但那时的苏共总体上继承了列宁时期的党的优良传统，保持了党的鲜明的无产阶级性质与全心全意为人民服务的宗旨，并发扬了布尔什维克的优良传统和作风，因而在社会主义建设中取得了伟大的成就。然而，斯大林之后的苏联领导人破坏党的作风，都走上了脱离群众、镇压群众，甚至与人民为敌的道路。

赫鲁晓夫时期的苏共党风，最恶劣的表现不仅在

于以许多捏造和夸大的情节煽动反斯大林，还在于残酷镇压批评他的“秘密报告”的人民群众。1956 年 3 月 4 日，第比利斯群众被赫鲁晓夫的“秘密报告”激怒，他们上街游行示威，高呼“马克思、恩格斯、列宁、斯大林万岁！”赫鲁晓夫下令对群众开枪射击，造成血案。1956—1957 年，根据刑法第 58 条以“反苏鼓动罪”逮捕对赫鲁晓夫不满的人数达 3380 人之多，这几乎相当于 1953—1988 年以该罪被逮捕的总人数的一半。[①]

赫鲁晓夫本人的工作常常从经验出发，意气用事，强迫命令，甚至心血来潮，办事凭一时冲动，因此干出许多草率、荒唐的事情。他照搬美国农业大种玉米的做法就是一个大笑话。他不搞调查研究，只是依靠行政命令，盲目扩大玉米种植面积。由于北方的气候不适宜玉米生长，因此产量很低，得不偿失。柯西金后来评价道，这是一个领导人臆想的、强制的、给国民经济造成巨大

① 参见［俄］亚·维·菲利波夫：《俄罗斯现代史（1945—2006）》，吴恩远等译，中国社会科学出版社 2009 年版，第 82—83 页。

损失的措施。他还盲目主张大规模的垦荒，导致上千万亩土地荒废。他还干预农业生产的具体活动，1957 年 5 月毫无根据地提出了农业冒进口号。赫鲁晓夫的瞎指挥、强迫命令与政策失误，导致苏联的农业生产大幅起落，在他执政后期农业增长缓慢，出现严重粮食危机，苏联自此由传统的粮食出口国变为粮食进口国。

勃列日涅夫时期，苏共的党风每况愈下，脱离实际、脱离群众的问题日益严重。官僚主义盛行，干部贪图享受、不思进取成风。党群关系纽带变得更加脆弱，党的威信不断降低。不少群众对苏联的政治机构、党政官员产生了政治上的不信任，出现了“夜间人”[①] 等现象。

党群关系的脱离，导致党的先锋作用和战斗力衰退，群众的主人翁意识日渐淡漠，苏联人民劳动与建设的热情消退，旷工、停工、怠工现象日益严重。党内不正之风也污染了全社会，贪污腐败、行贿受贿成为社会上流

① 所谓的“夜间人”指的是那样一些人，他们白天在公共场合处处与官方宣传保持一致，到了夜间则过起了自己的生活：阅读地下出版物、交流政治笑话、与朋友和家人议论时政、抨击权贵，发泄自己对现实的不满。

行的风气，一些失望的民众也随波逐流。这种上行下效，导致世风日下。一位俄国学者指出："在 70 年代末，特别是在 80 年代初，谎报指标、弄虚作假、盗窃公物、行贿受贿实际上已成为群众性现象。"① 苏联的犯罪率居高不下，许多人将获取财富作为唯一目的而不顾及手段是否合法。

戈尔巴乔夫时期的苏共党风，完全背离了马克思主义政党的性质、宗旨和奋斗目标。戈尔巴乔夫一方面大要两面派作风，另一方面又大搞一言堂，容不得不同意见与呼声。他发表的政治观点常常与苏共政治局内一些人的观点不协调，也不互相通气。他的许多倡议和许诺，连政治局委员都是从报纸上才知道的。即便在开会的时候，他"不善于、不喜欢也不愿意倾听他人的意见，他只善于、只喜欢、只愿意夸夸其谈，只是他一个人没完没了地高谈阔论，玩弄辞藻，把本来空洞无物的刻板思

---

① Акопов С.С.，Гуреев Н.Д.История России 1953~1996,М.:Внешторгиздат,1997г.С.239.

想说得天花乱坠”[①]。到戈尔巴乔夫改革后期，集体领导的原则进一步遭到破坏，政治局一连几个月不开会，什么事都由他一个人决定。雷日科夫说，他“总是喜欢搞一言堂”[②]。麦德维杰夫（Рой Медведев）也说，戈尔巴乔夫“非常专制”，“主持的各种会议都缺乏民主作风”，“当听到反对意见或者是批评言辞时，他常常失去控制”。[③]

照搬西方多党制和议会民主以后，反共反社会主义的代表人物、民族分裂势力的代表人物以及各种投机钻营分子，纷纷当选苏共代表或苏联各级人民代表。1986年2月苏共召开二十七大时，在5000名代表中尚有1705名工人代表，而到1990年7月苏共召开二十八大时，出席大会的4683名代表中，工人代表只有543名，不及上届大会工人代表总数的1/3，仅占代表总数的11.6%；农

① ［俄］尼·雷日科夫：《大动荡的十年》，王攀等译，中央编译出版社1998年版，第369页。

② ［俄］尼·雷日科夫：《大动荡的十年》，王攀等译，中央编译出版社1998年版，第305页。

③ ［俄］罗伊·麦德维杰夫：《苏联的最后一年》，王晓玉、姚强译，社会科学文献出版社2005年版，第285页。

民代表也只有 225 名；而大约 60% 的代表是在戈尔巴乔夫“民主化”期间选出的所谓“全苏人民代表”或各加盟共和国和自治共和国选出的“人民代表”。这些所谓“代表”，他们口头上代表人民，实际上却干着损害人民利益的勾当。俄罗斯科学院院士、社会政治研究所所长奥希波夫（Геннадий Осипов）说，戈尔巴乔夫执政期间出现的民主纲领派，“其代表人波波夫（Гавриил Попов）就讲：‘我们不考虑人民，我们就是要故意造成全面紧缺的状态’”①。

戈尔巴乔夫对苏共优良党风的严重败坏，不仅毁坏了党的凝聚力，而且进一步瓦解了党的阶级基础和群众基础，使人民群众彻底丧失对党的信任。雷日科夫曾痛心地说，苏共“到 1990 年已经缓慢地濒临死亡”②。戈尔巴乔夫执政时期，苏共罕见地出现了退党风潮。1986 年

---

① 参见李慎明等 2010 年 4 月 27 日与俄罗斯科学院社会政治研究所部分人士座谈记录。

② 转引自李慎明总撰稿：《〈居安思危——苏共亡党的历史教训〉——8 集 DVD 教育参考片解说词》（中），《科学社会主义》2006 年第 6 期。

2月苏共召开二十七大时，全党党员总数为1900万，而到了1991年7月1日，苏共党员只剩下1500万人[①]，退回到1973年的水平。没有退出苏共的党员理想信念也普遍动摇，他们对苏共及其领导人缺乏信任，对党和国家的前途感到迷茫。当时，莫斯科一家电视台采编部主任这样说："我曾是一名光荣的共产党员，一直积极参加党组织的各项活动。但是，戈尔巴乔夫这些人打着改革的旗号，实际上是在争夺权力、争夺总统宝座，根本不去考虑广大党员和人民群众的愿望和要求。他们早就成为一群高高在上的特殊的官僚阶层，这样的领导人和恶劣的党风，怎么可能再让我们跟着他们走。"[②]

7. 外交上：从惧美、争霸到迎合、投降以美国为首的西方帝国主义

对外关系是国内政治的延伸。自从地球上出现社会

---

① 参见 Численный состав КПСС (количество членов КПСС) ,https://www.sovtime.ru/kpss/chislennyij-sostav-kps。

② 转引自李慎明总撰稿：《〈居安思危——苏共亡党的历史教训〉——8集DVD教育参考片解说词》(中)，《科学社会主义》2006年第6期。

主义国家以来，资本主义与社会主义两种社会制度之间就存在各式各样的矛盾与冲突。社会主义国家的执政党，既要善于把握时机，调整政策，尽量将国际关系引向有利于和平、有利于发展、有利于人类文明进步的方面；同时，又要保持清醒头脑，充分认识到国际范围内两种意识形态、两种社会制度、两条发展道路之间依然存在各种矛盾与斗争，有些矛盾甚至是异常尖锐的。

斯大林时代结束后，苏联领导人在处理与美国的关系方面，经历了企图搞苏美合作主宰世界，苏美争霸世界，投降美国、出卖国家和民族利益这三个阶段。

关于不同的国家向社会主义过渡的形式问题，赫鲁晓夫特别强调利用议会道路向社会主义过渡的可能性。他说，在当今世界，“工人阶级只要把劳动农民、知识分子和一切爱国力量团结到自己的周围，并且给那些不能够放弃同资本家和地主妥协的政策的机会主义分子以坚决的回击，就有可能击败反动的反人民的势力，取得议会中的稳定的多数，变议会从资产阶级民主的机构为真正代表人民意志的工具”。他还补充说，有了这种议会的稳定多数，“就可以为一系列资本主义国家和过去的殖民地国家的工人阶级，创造实现根本社会改造的条件”。[①]

赫鲁晓夫的“三和”理论，虽然也看到了两种社会制度有互利合作的一面，提出要加强对话，要和平共处，这有利于稳定当时的国际局势。但问题的关键不在于社会主义国家要不要和平，要不要与资本主义国家“和平共处”“和平竞赛”，而在于当时有没有实现这种愿望的条件与可能。在西方已经启动并加紧推行对苏“和平演变”的背景下，赫鲁晓夫提出“和平共处”“和平竞赛”不过是一厢情愿的幻想。而当幻想变成不切实际的实践，产生危害也就难以避免。尽管赫鲁晓夫在碰壁之后有所收敛，但这一外交路线在很大程度上起到了瓦解苏共思想武装的作用，从而对西方缺乏必要的防范，为敌对势力推行“和平演变”战略提供了突破口。更严重的危害还在于，苏共此后没有彻底认清赫鲁晓夫这一错误思想的实

① 转引自陈之骅主编：《苏联史纲（1953—1964）》，人民出版社 1996 年版，第 52 页。

质，以至于这一错误思想在戈尔巴乔夫时期死灰复燃。

赫鲁晓夫热衷的议会道路也遭到了大多数其他国家共产党组织的批评甚至反对。中国共产党认为，赫鲁晓夫只提和平过渡，不提非和平过渡，而且又把和平过渡说成是“在议会中争取多数，并把议会从资产阶级专政的工具变为真正的人民政权的工具”，这实际上是用第二国际机会主义者的所谓“议会道路”来代替十月革命的道路，篡改马克思列宁主义关于国家与革命的基本原理。应该指出，赫鲁晓夫“和平过渡”理论的提出，对当时国际共产主义运动产生了严重的负面影响。资本主义世界的共产党组织以坚持武装斗争还是走议会道路为界线，分裂为两大对立的阵营，削弱了自身的力量。而且，从那之后越来越多的共产党组织热衷于议会斗争，把仍然坚持武装斗争的共产党组织看成异类，使之成为嘲笑，甚至打击的对象。这也是一种极不正常的现象。

1982 年，美国总统里根在英国议会发表了一篇代表美国对外政策总目标的讲话。他认为，在当时两种不同社会制度的斗争中，最终的决定性因素不是核弹和火箭，而是意志和思想的较量，叫嚷“自由民主事业在向前挺进途中将把马克思主义抛进历史的垃圾堆”。根据戈尔巴乔夫淡化阶级斗争和意识形态斗争的新特点，里根适时地提出要与苏联展开“思想和价值观念的和平竞赛”，表示要通过“思想和信息的传播”来影响苏联人民，“帮助”苏联人民建立起“独立的工会”、教会、政党、大学、报纸和司法机构，并通过这些“孕育着民主的机构”最终使苏联实现西方模式的“民主化”。1989 年，布什入主白宫后不久，也提出了名曰“超越遏制”的新战略。布什称这项战略目标之大，超出了“所有前任的想象”，它不单纯遏制苏联扩张，而是要“把苏联融入国际大家庭”，要拆除柏林墙，把东西欧融合成“完整的自由的欧洲”。

面对以美国为首的西方集团“和平演变”苏联的强大攻势，戈尔巴乔夫主张从政策上、从意识形态中消除“敌人形象”，宣布国际关系中不再有敌人，“全人类迈向大合作”。他认为，政治立场应摆脱意识形态的狭隘偏见，“生存和防止战争的利益则是普遍的、高于一切的”。[1]他宣称全人类的利益和价值“高于一切”，鼓吹国际关系“非意识形态化”“人道主义化”，倡导两大社会体系（社会主义与资本主义）“一体化”，主张社会主义“把具有普世意义的价值观推到首位”。

戈尔巴乔夫鼓吹的国际关系“人道主义化”，客观上迎合、配合了帝国主义“和平演变”战略的需要，苏联对外政策从谋求与西方大国合作逐步走向屈服于美国及其盟国。在对美关系方面，苏联开始时是放弃对抗，谋求合作，但随着其国内危机的加深和美国等西方国家压力的增加，戈尔巴乔夫不断作出重大让步，逐渐依附于美国及其盟国。在裁军、减少军费、军控、削减核武器等问题上，戈尔巴乔夫完全接受了美国的要求，甚至为了表示“诚意”还超出美国的要求，如 1991 年 9 月宣布撤走驻古巴的苏军。在苏联与美国关于削减核武器的谈

① ［苏］米·谢·戈尔巴乔夫：《改革与新思维》，苏群译，新华出版社 1987 年版，第 180 页。

判中，戈尔巴乔夫多次违反苏联既定的谈判底线，对美国作出毫无原则的“即席”让步。1987 年 4 月 14 日，戈尔巴乔夫与美国国务卿舒尔茨（George Shultz）在克里姆林宫举行关于削减中程导弹的会谈。苏联所拥有的 100 多枚最大射程 400 公里以内的新型 CC–23 导弹，并不属于中程导弹的范畴，因而不在准备签署的协定范围之内。但舒尔茨坚持要削减 CC–23 导弹，苏联谈判代表和军事专家均表示反对。在谈判陷入僵持状态时，戈尔巴乔夫在最后一刻改变了自己的立场，同意了美方的要求。舒尔茨身边的幕僚称戈尔巴乔夫在最后一刻突然迈出的这一步，是“天上掉馅饼”。类似的事情在美苏的核裁军谈判中多次出现，以至于舒尔茨自豪地向美国政府报告说：“我们没有做任何让步，而所得到的东西之多，出乎意料。”[1] 在对东欧国家政策上，戈尔巴乔夫也采取了完全放弃的态度。一方面，对这些国家内部发生的反共反

① ［俄］阿纳托利·伊万诺维奇·乌特金：《戈尔巴乔夫背叛苏联的细节披露》，https://www.q578.com/s-14-2439292-0/。

社会主义活动，采取袖手旁观甚至纵容的态度；另一方面，对这些国家的“民主派”提出的谴责、追究苏联的“历史罪过”及重新评价与苏联关系史上一些重大事件的要求，采取默认态度，结果导致苏联与东欧国家结成的社会主义阵营崩溃。1991年7月1日，华沙条约组织（简称“华约”）正式解散。具有讽刺意味的是，作为这一军事组织的对立面——北大西洋公约组织（简称“北约”），不但没有随着华约的解散而解散，反而强化其军事职能，成为冷战后西方大国欺凌弱国、小国，推行霸权主义与强权政治的军事工具。2022年2月24日，在俄罗斯和乌克兰之间爆发的军事冲突，虽然有着错综复杂的原因，但北约在苏联解体后背信弃义，置俄罗斯国家安全关切和严重警告于不顾，先后五次东扩，无疑是俄乌冲突的源头。从1999年到2020年，北约不仅接纳了匈牙利、捷克、波兰、罗马尼亚、保加利亚、斯洛伐克、斯洛文尼亚、黑山、北马其顿等原东欧国家，而且还将爱沙尼亚、拉脱维亚、立陶宛原属苏联的地区收于麾下效力。北约还打算马不停蹄把乌克兰变成北约成员国，将北约防务体系扩张至俄乌边境。《北大西洋公约》规定，缔约国任何一方遭到武装攻击时，应视为对全体缔约国的攻击。乌克兰加入北约将对俄罗斯国家安全构成前所未有的威胁。普京在乌克兰拒绝承诺放弃加入北约、宣布中立等希望落空后，忍无可忍作出出兵乌克兰的决定。造成俄乌军事冲突的根源，是美国为首的西方霸权势力借苏联解体后俄罗斯衰落之际，落井下石，不断压缩俄罗斯战略空间。这也表明北约逆历史潮流而动，继续秉持冷战思维搞霸权，成为影响欧洲乃至世界安全稳定的祸源祸首。

俄共中央主席久加诺夫在戈尔巴乔夫去世后的评论文章中，回顾了戈尔巴乔夫解散华约的过程，愤怒谴责了戈尔巴乔夫对西方的妥协、投降和对苏联国家利益的叛卖行为。他指出，“1989 年 12 月，戈尔巴乔夫在马耳他会见美国总统布什和国务卿贝克时……戈尔巴乔夫无缘无故地对布什说：‘我们决定解散华约，退出东欧。’贝克后来回忆说，戈尔巴乔夫发表声明后，美国代表团因为这个消息甚至开始冒汗，他们认为戈尔巴乔夫马上会提出更高的需求。例如，要求美国解散北约。但随后戈尔巴乔夫再次让美国方面感到惊讶，他说，‘不，我们现在推行新思维，因此我们解散华约，而你们可以做任何想做的。’苏联的整个安全体系，2700 万祖国最优秀的儿女为此曾浴血奋战的安全体系，就这样被埋葬了。在卫国战争期间，几乎每个苏联家庭都有牺牲”。

1987 年 5 月，西德青年马蒂亚斯·鲁斯特（Mathias Rust）自驾飞机“访苏”并安全降落在莫斯科红场。这一事件轰动世界，让超级大国苏联颜面丢尽，苏联国防部部长谢尔盖·索科洛夫（Сергей Соколов）因此被撤职。但根据苏联解体后当事人曝光的事实可以肯定，索科洛夫蒙受了不白之冤。保障鲁斯特在苏联领空的飞行安全得到了苏联“最高领导”的默许，其真实目的是为打击那些反对戈尔巴乔夫单方面裁军的苏军高层将领制造口实，为日后解散华约扫清道路。据俄罗斯上将列·伊瓦绍夫（Леонид Ивашов）的说法，1987 年 2 月戈尔巴乔夫召见国防部部长索科洛夫时，扣留了两张苏联西北方向的防空地图。有证据表明，该绝密地图是根据戈尔巴乔夫要求提供的，戈尔巴乔夫违规将地图扣留，一直没有归还。现有证据表明，鲁斯特的飞行轨迹显示出他对苏联西北部地区无线电定位跟踪站的位置了如指掌。由此基本可以断定，在鲁斯特事件中，苏联以戈尔巴乔夫为首的高层领导存在大规模政治阴谋活动。时任克格勃副主席的弗·克留奇科夫（Владимир Крючков）称，根据戈尔巴乔夫的指示，他保障了鲁斯特飞抵莫斯科的行动。[①]

为谋求西方的支持和援助，在苏联国内问题上，戈尔巴乔夫也尽量满足美西方的要求。1984 年 12 月在伦敦访问时，戈尔巴乔夫向撒切尔夫人出示带有密级标识且标出了苏联导弹对英国打击目标的苏军地图，并保证“这一切应当结束，而且应当尽快结束”，暗示他当政后将对自己的国家采取重大“破坏性”行动。撒切尔夫人对此惊喜交加，称戈尔巴乔夫是“可以打交道的人”。在允许波罗的海三国独立的问题上更是如此。1986 年 10 月和 1989 年 12 月分别在雷克雅未克与马耳他举行的两次

① 马维先:《关于苏联解体的六大问题》,《世界社会主义研究》2021 年第 10 期。

苏美高层会晤，均已涉及立陶宛、拉脱维亚和爱沙尼亚三个加盟共和国脱离苏联这一敏感问题。根据苏联官方报道，戈尔巴乔夫与里根的雷克雅未克会晤无果而终。但立陶宛护法人员瓦·伊万诺夫（Валерий Иванов）证实，他在 1989 年看到过一本梵蒂冈出版的立陶宛文的小册子，根据其中的内容，戈尔巴乔夫与里根在雷克雅未克秘密会谈讨论的四个问题中，第三个问题是波罗的海沿岸三个加盟共和国脱离苏联的问题。至于 1989 年在马耳他举行的苏美元首会晤，美国驻苏联最后一任大使小杰克·马特洛克（Jack Matlock,Jr.）的回忆录称，会谈中“布什提请戈尔巴乔夫注意，美国从未承认苏联对波罗的海沿岸三国的侵占，现在也不承认”。美国总统清楚地暗示，立陶宛、拉脱维亚和爱沙尼亚不是苏联的固有领土，他站在为脱离苏联而斗争的势力一边。戈尔巴乔夫并没有对美国总统干涉苏联内政的言辞进行任何反驳，只是轻描淡写地“向美国总统解释了苏联情况的特殊性”，甚至还保证，对这三国问题的处理仅限于非武力方式。这说明戈尔巴乔夫与布什在马耳他达成了秘密口头协议：

戈尔巴乔夫承诺不使用武力，布什则承诺美国不会为戈尔巴乔夫制造更多问题。马耳他会晤后，立陶宛、拉脱维亚和爱沙尼亚的分离主义势力加快了脱离苏联的步伐。葛罗米柯之子阿·葛罗米柯（Анатолий Громыко）认为，戈尔巴乔夫在马耳他彻底输了，马耳他会晤是“苏联的慕尼黑”。[①]

在苏联内外交困时，戈尔巴乔夫甚至不惜丧失国格乞求西方。1991 年 7 月，戈尔巴乔夫以非正式的方式参加西方七国首脑会议。临行前，戈尔巴乔夫匆匆将一项长达 23 页的苏联“改革计划”寄给七国首脑，希望西方国家增加对苏联的投资、向苏联提供大量的消费品、解除或延缓苏联所欠的 650 亿美元的外债等。将一国内政交于西方国家讨论，这本身就是丧权辱国行为。然而，面对这个带有屈辱性的计划（当时人们称之为“乞讨计划”），西方大佬们的回答是“不给钱”！美国总统布什的回答更干脆，他说，参加首脑会议的领导人“不会做

① 马维先:《关于苏联解体的六大问题》,《世界社会主义研究》2021 年第 10 期。

任何表明我们为援助苏联而忽视东欧发展中的民主制度的事，这不是给空白支票的时候”。

戈尔巴乔夫的外交“新思维”，实质上根本否定了马克思主义阶级斗争学说，放弃了马克思主义关于国际问题的基本观点，丧失自主权力，使苏联在面对国际资产阶级的进攻时自缚手脚、甘拜下风。这一点连资产阶级政治家也看得一清二楚。

小杰克·马特洛克指出，“阶级斗争理论是列宁主义者的国家结构演进观及同西方发生冷战所依据的中心概念。没有它，冷战的理由就不复存在，一党专政的理论基础也随之消失”，“在这一理论（指阶级斗争理论——引者注）真正由官方抛弃之前，表明我们之间关系好转的任何变化都可能是虚幻的，最多也是暂时的”，[①]“只要苏联不放弃其制度的意识形态核心——阶级斗争观念，冷战就绝不会停止。而一旦它放弃，该制度自身就不再

① ［美］小杰克·F. 马特洛克：《苏联解体亲历记》（上），吴乃华等译，世界知识出版社 1996 年版，第 162、164 页。

具有任何理论依据”[①]。他还特别提道：“如果苏联领导人真的愿意抛弃这个观念（指阶级斗争——引者注），那么他们是否继续称他们的指导思想为‘马克思主义’也就无关紧要了。这已是一个在别样的社会里实行的别样的‘马克思主义’。这个别样的社会则是我们大家都能认可的社会。”[②]

美国另一著名政治家布热津斯基（Zbigniew Brzezinski）早在1989年就点明了戈尔巴乔夫“改革”的实质。他说：“苏联新领导人米哈伊尔·戈尔巴乔夫在改革过程中已逐渐走上了修正主义道路……他不仅要改变苏联的经济结构，还要修改苏联制度的思想基础，甚至要在一定程度上改变苏联的政治程序。”“克里姆林宫出现一位修正主义的总书记所造成的影响是巨大的”，“它的特别严重的危险在于瓦解世界共产主义共同的马克思列宁主义理

① ［美］小杰克·F. 马特洛克：《苏联解体亲历记》（下），吴乃华等译，世界知识出版社1996年版，第758页。

② ［美］小杰克·F. 马特洛克：《苏联解体亲历记》（上），吴乃华等译，世界知识出版社1996年版，第169页。

论”。[①] 有朝一日，苏共要“丧失对社会的垄断控制”,“苏维埃联盟随时可能解体”。[②]

8. 人生观上：从追求个人升迁、小家庭特权享受的个人主义到颠覆党和国家政权的野心家、阴谋家

人生观、价值观本质上是“为了谁”的问题。我们常讲世界观、人生观、价值观，从一定意义上讲，在这“三观”中，人生观具有决定性意义。人生观一头连着世界观，另一头连着价值观，犹如习近平总书记所说的穿衣服要扣好的第一粒扣子。如果党员干部仅仅考虑个人升迁和自己的小家庭过好日子，追求物质享受，在特定条件下，就必然会导致结党营私，甚至发展成为野心家、阴谋家。网络上曾披露这样一则消息：赫鲁晓夫的儿子列昂尼德（Леонид Хрущёв），在 1943 年的一次战役中，他驾驶的战机与机组失去了联系，后证实被德军

---

① ［美］兹·布热津斯基:《大失败——20 世纪共产主义的兴亡》，军事科学院外国军事研究部译，军事科学出版社 1989 年版，第 66、76—77 页。

② ［美］兹·布热津斯基:《大失败——20 世纪共产主义的兴亡》，军事科学院外国军事研究部译，军事科学出版社 1989 年版，第 65、66 页。

俘虏并投降。斯大林知道情况后，下令把列昂尼德押回苏联，苏联反间谍部队不辱使命。列昂尼德回国后，在判刑问题上，斯大林要求苏联领导层讨论。贝利亚指出，已经掌握了列昂尼德的犯罪事实，而且之前宽恕过两次，现在不能再宽恕了。马林科夫、卡冈诺维奇等人都同意判处列昂尼德死刑。莫斯科军事法庭很快作出死刑判决，列昂尼德被处死。有观点认为赫鲁晓夫因此怀恨在心，在他上台后不仅发起“非斯大林化”运动，而且报复了贝利亚、马林科夫等当年同意判处列昂尼德死刑的人。

成为党的总书记后，勃列日涅夫长长地出了一口气说：“终于熬到了这一天！”当他的母亲从乡下赶来看他时，他自豪地领着母亲看他的精美家具、豪华别墅，一副心满意足的样子。“勃列日涅夫的生活方式和言行对他的周围、对所有党的上层产生了影响。”勃列日涅夫利用自己的职权享受着无人能比的特权。他酷爱打猎、住豪华别墅和收藏高级轿车是出了名的。勃列日涅夫还喜欢各种高档礼品，他收受的礼物可以说“数不胜数”。[①] 这本不属于个人财产，理应上缴国家，但勃列日涅夫大多将它们收归己有。勃列日涅夫的孙女在回忆爷爷的生活时曾提到他收藏的高级轿车竟达百辆之多。勃列日涅夫认为，“‘影子经济’、抢劫公共设施、干部的贿赂行为都是正常的”。

勃列日涅夫对其亲信、亲属腐败行为的纵容姑息，更是众所周知。20 世纪 70 年代末期，克格勃负责人安德罗波夫（Юрий Андропов）准备开展打击贪污腐化的斗争，但遭到勃列日涅夫的反对。他不允许安德罗波夫调查谢洛科夫把持的内务部中的严重腐败行为。当安德罗波夫将反映国内腐败状况的报告交给勃列日涅夫后，勃列日涅夫很不高兴，一改以往与安德罗波夫的亲热关系，长达 3 个月不与安德罗波夫见面，甚至拒绝与他通电话。当安德罗波夫将报告的内容改为通报平安无事的喜报后，

---

① ［俄］瓦·博尔金：《戈尔巴乔夫沉浮录》，李永全等译，中央编译出版社 1996 年版，第 34 页。

勃列日涅夫才恢复了与他的良好关系。[①]

勃列日涅夫和他的亲信们一方面不断增加特权种类，另一方面又对各级干部追求特权的行为极少阻止，甚至放任和鼓励，导致享受特权的党政官员越来越多，逐渐形成了一个特权阶层。戈尔巴乔夫的夫人赖莎·戈尔巴乔娃（Раиса Горбачёва）后来回忆道："1978 年搬进莫斯科以后，我有不少发现，其中之一就是：某些国家领导人，包括党的领导人，除了拥有供应的国家别墅外，还修建了私人别墅，为自己的子女、孙子们同时修建了私人别墅。这种奢华和大胆，令我为之震惊。"[②]

以勃列日涅夫为首的苏共最高领导人对特权生活的追求，对助长党内腐败现象起到了某种"榜样作用"。戈尔巴乔夫上台后，首先想的是为个人及家庭谋取好处，

---

① 参见［俄］罗伊·麦德维杰夫：《人们所不知道的安德罗波夫——前苏共中央总书记尤里·安德罗波夫的政治传记》，徐葵、张达楠、何香译，新华出版社 2001 年版，第 217—218 页。

② ［俄］赖莎·戈尔巴乔娃：《我的希望：赖莎·戈尔巴乔娃回忆录》，王攀、黄鹂译，中国工人出版社 2000 年版，第 140 页。

第一家庭过着奢华气派的生活。戈尔巴乔夫刚接任总书记，他就指示下属在海边新建豪华别墅等度假场所，而位于列宁山的戈尔巴乔夫六居室官邸更是惹人注目，行人老远就能望见，成为莫斯科旅游一景。

据苏共中央书记处书记、戈尔巴乔夫办公厅主任博尔金回忆，从 1991 年 1 月起，就不断有人讨论国家面临的困难。国家处于政治和经济危机之中。有人警告国家经济正在滑坡，联盟本身也很可能崩溃。然而，“总统却在想别的事：他发狂似的千方百计提高自己目前非常低的支持率，准备出版自己的新书，帮助他妻子出版自传。已经有人保证为这本书立即付给赖莎一大笔现金，他们其他著作的出版工作也在进行中。赖莎的书将在苏联出版发行，她常给我打电话询问哪家出版社对她的处女作来说最适宜”。虽然“总统一家也将会面临困难时期，但他们在银行里存有硬通货。戈尔巴乔夫著作的稿酬加上联盟版权局付他的版权费，早已给他的户头输进了 100 多万美元。他曾接受过许多用贵重金属制成的礼物，各种硬通货的奖励，此外，他还有其他财产。我提高了警惕，很想知道总统是否关心国家的命运，是否能腾出时间来处理国家的事务和人民所面临的经济和社会窘境”。[①]

戈尔巴乔夫时期的当权者，乘私有化改革之机损公肥私、化公为私、大肆鲸吞公有资产，使苏联几代人艰苦奋斗积累的成果，转瞬间化为少数人口袋里的财富。苏联解体后俄罗斯商界精英有 40% 以上来自前苏共的官僚。在 1992—1993 年的 100 家俄罗斯最大私人企业的所有者中，原先的党政精英、企业家、银行家及其家族占了 62%。[②]

改革催生的新资产阶级成为摧垮苏共、瓦解苏联的阶级基础。利加乔夫在分析苏联解体原因时不无感慨地指出，导致苏联解体的客观原因是不存在的，基本上是主观原因。首先是上层领导人的变质。他们主要为个人发家致富，想无限制地统治人民，他们后来都成了百万、

① ［俄］瓦列里·博尔金：《震撼世界的十年：苏联解体与戈尔巴乔夫》，甄西译，昆仑出版社 1998 年版，第 4—5 页。

② 参见［美］大卫·科兹、［美］弗雷德·威尔：《来自上层的革命——苏联体制的终结》，曹荣湘、孟鸣歧等译，中国人民大学出版社 2002 年版，第 155 页。

千万，甚至亿万富翁。他们就是以戈尔巴乔夫和叶利钦为代表的人。这些财富是靠掠夺人民财富而带来的。他们强烈渴望要求拥有私人财富，但当时苏联党和人民不允许。[①]

奥希波夫说："从赫鲁晓夫那个时候开始，我们党的领导层就开始了腐烂。这些混进党内并企图不断高升的人入党的主要目的是什么呢？入党后，就意味着可以到非洲去狩猎，把自己的儿子、孙子辈安排好，把自己家庭安排好。共产党的蜕化变质和最终解体，实际上是在家庭这个最基础的层面就发生了。"[②]

大卫·科兹深刻分析道："苏联精英分子的物质利益虽然是大大增加了，但是，如果与西方资本主义国家的精英相比，他们在物质上所享受的特权也就相形见绌了"；"在苏联体制下，社会上层和底层之间的收入差别，比在资本主义体制下的差别要小得多"，"在苏联体制下，

① 参见 2010 年 4 月 28 日李慎明等与利加乔夫座谈记录。

② 李慎明总撰稿：《苏联亡党亡国 20 年祭：俄罗斯人在诉说》，社会科学文献出版社 2013 年版，第 110—111 页。

最高领导人的工资比一般产业工人高出 8 倍”，“大企业的总经理的报酬大约是一般产业工人的 4 倍”，而美国高层精英的收入是普通工人的 150—400 倍；“在苏联社会主义制度下，通过合法的途径积累物质财富几乎是不可能的。积累了物质财富的苏联领导人总是担惊受怕，唯恐有一天被人发现或被起诉”，因此，“苏联体制的瓦解”，“源于其自身的统治精英对个人利益的追逐”。[①]

极端个人主义者一旦爬上党和国家的高位，必然沦落为野心家、阴谋家，成为马克思主义执政党内部最为主要最为凶险的敌人。也正因如此，毛泽东同志在同林彪反革命集团作斗争时，反复告诫党的高级干部：“要搞马列主义，不要搞修正主义；要团结，不要分裂；要光明正大，不要搞阴谋诡计。”[②]

国内有学者说，赫鲁晓夫在 1956 年苏共二十大所作

---

① ［美］大卫·科兹、［美］弗雷德·威尔：《来自上层的革命：苏联体制的终结》，曹荣湘、孟鸣歧等译，中国人民大学出版社 2002 年版，第 10、148、149 页。

② 《毛泽东年谱（1949—1976）》第 6 卷，中央文献出版社 2013 年版，第 583 页。

的“秘密报告”是完全符合组织程序的。这一说法不是事实。俄罗斯历史学家巴尔苏科夫（Николай Барсуков）早在1996年就在认真研究赫鲁晓夫回忆录的全部录音和解密档案材料的基础上得出这样的结论：苏共中央主席团作出向代表大会作关于个人崇拜的报告的决定和向中央全会宣布这一决定时，当时准备好的只是波斯彼洛夫（Петр Поспелов）起草的调查报告，后来在秘密会议上所作报告的许多内容是赫鲁晓夫等少数几个人私自加上的。[①] 更何况作“秘密报告”的大会不是由苏共二十大代表大会主席团而是由苏共中央主席团主持的。事后不少人发问，这是二十大的继续还是其中一次别的会议？俄罗斯著名理论家科索拉波夫（Ричард Косолапов）说，赫鲁晓夫的“秘密报告”“是由一小撮人炮制的，是未经集体同意擅自拿到代表大会上去的”，“他的行为实质上是一种反党行为”，因此“严格地说，后来大声称道

① 参见张捷：《从赫鲁晓夫到普京》，社会科学文献出版社2010年版，第14页。

的‘二十大路线’或‘二十大精神’在党内没有取得合法地位”。[①] 国内外不少人对赫鲁晓夫的主要印象是在联合国用皮鞋敲击桌子的粗鲁、率真的一面，但对他阴谋家的另一面所知不多。比如，1939 年 3 月，赫鲁晓夫在联共（布）十八大上有 20 分钟左右的发言，曾 32 次对斯大林进行热烈的赞扬，并最后高呼：“引导我们胜利地走向共产主义的人类最伟大的天才、导师和领袖，我们亲爱的斯大林万岁！”[②] 同年 12 月，他在为庆祝斯大林 60 岁诞辰所写的文章中吹捧说：“苏联各族人民把斯大林看作自己的朋友、父亲和领袖。”1949 年斯大林 70 岁诞辰时，赫鲁晓夫则对斯大林这样“称颂”：“荣誉属于亲生父亲、英明的导师、党和苏联人民及全世界劳动者的天才领袖斯大林同志！”[③] 把斯大林由父亲改称为肉麻的

---

① 转引自张捷：《从赫鲁晓夫到普京》，社会科学文献出版社 2010 年版，第 14 页。

② ［俄］弗拉基米尔·卡尔波夫：《大元帅斯大林》，社会科学文献出版社 2004 年版，第 784 页。

③ 转引自张捷：《从赫鲁晓夫到普京》，社会科学文献出版社 2010 年版，第 55 页。

“亲生父亲”。但在斯大林去世后的1956年“秘密报告”中，赫鲁晓夫却把斯大林谥为“暴君”“刽子手”“惨无人道”等。斯大林当然要对当年肃反扩大化负有重要甚至主要的领导责任，但是，赫鲁晓夫等人至少要因替个人邀功争赏而对肃反扩大化负有重要的甚至是主要的直接责任。1937年赫鲁晓夫在莫斯科任市委书记时，每天都给莫斯科内务局打电话，催促逮捕犯人的情况：“莫斯科是首都，不能落后于卡卢加或梁赞。”他还说：“要消灭这些坏蛋……要做到手都不抖动一下，要为了人民的利益跨过敌人的尸体往前走。”至1937年底，38名莫斯科州委和市委书记中有35人遭到清洗，146名区委和市委书记中有136人被捕。俄罗斯历史学家茹科夫（Юрий Жуков）在苏联档案里查证，赫鲁晓夫在莫斯科工作期间批准枪毙8500人。他调到乌克兰工作后，请求枪毙或关押3万人。让人更难以想象的是，赫鲁晓夫上台后，利用自己手中的职权，指使其亲信直接销毁了关于他参与镇压行动的文件和材料，被销毁的材料达11纸袋之多。[①] 赫鲁晓夫一面拼命为自己洗白，另一面拼命抹黑斯大林。1937 年，根据形势的发展变化，斯大林指出，我们的“胜利愈多，被击溃了的剥削阶级残余也会愈加凶恶，他们愈要采用更尖锐的斗争形式”[②]。在这里，斯大林讲的是“剥削阶级残余”和“更尖锐的斗争形式”，却被赫鲁晓夫歪曲为斯大林提出了“愈接近社会主义敌人愈多”“阶级斗争会愈来愈尖锐化”的荒唐理论。[③] 不少人没有去查对斯大林的原文，却流传赫鲁晓夫篡改的谬种。

戈尔巴乔夫同样是一位阴谋家。1985 年 4 月苏共中央全会上，他信誓旦旦地说，列宁的学说“对我们来说过去是、今天仍旧是行动的指南，获得灵感的源泉，确定前进的战略和策略的可靠的指南针”[④]。此后，他又在不

---

① 转引自张捷：《从赫鲁晓夫到普京》，社会科学文献出版社 2010 年版，第 19—20 页。

② 《斯大林文集（1934—1952）》，人民出版社 1985 年版，第 153 页。

③ 转引自张捷：《从赫鲁晓夫到普京》，社会科学文献出版社 2010 年版，第 20 页。

④ 转引自张捷：《从赫鲁晓夫到普京》，社会科学文献出版社 2010 年版，第 126 页。

同时间、不同场合多次刻意表达对列宁的忠诚。1987年，戈尔巴乔夫在其刚刚出版的《改革与新思维》中亦不得不说："弗·伊·列宁的著作，列宁的社会主义思想，对我们来讲仍然是辩证的创造思想、理论财富和政治上高瞻远瞩的取之不竭的源泉"；"列宁继续活在亿万人们的心灵中"。他还说："我们用社会主义的尺度来衡量一切成绩和错误。谁希望我们离开社会主义道路，他就会大失所望。"[①] 就在此时，他用列宁打击斯大林，说自己所做的一切都是为了恢复列宁主义的原则和传统。戈尔巴乔夫的助手扎格拉金（Вадим Загладин）说："那时戈尔巴乔夫不能开诚布公地说实话，他知道，政治局和中央委员会的大多数不支持他的立场。戈尔巴乔夫自己承认这一点。他应当变得有点像狡猾的狐狸，不能什么都说出来，有时应当嘴里说一套，而做的是另一套。"[②] 戈尔巴乔夫果

---

① ［苏］米·谢·戈尔巴乔夫：《改革与新思维》，苏群译，新华出版社1988年版，第22、25页。

② 转引自张捷：《从赫鲁晓夫到普京》，社会科学文献出版社2010年版，第129页。

然如是。1990 年 7 月，苏共二十八大召开时，戈尔巴乔夫认为时机已经成熟，随即不再强调马克思列宁主义的指导地位，而只是强调摆脱对它的“教条主义的解释”，强调要对它进行“创造性的发展”。其实，戈尔巴乔夫不断丰富完善和发展的不过是他以抽象人道主义为哲学基础的所谓的“人道的、民主的社会主义”，而这套理论在本质上不过是攻击马克思列宁主义既不人道又不民主而已。

从极端个人主义到最终沦落为野心家、阴谋家，绝不仅仅是琐碎的个人欲望的表现，同样也是一定的、腐朽的阶级及其思想倾向的政治代表。鲁迅曾说过，捣鬼有术，也有效，然而有限。古今中外，背叛人民的所有野心家、阴谋家最终都被或都会被钉上历史的耻辱柱。这是我们的历史和人民的自信。这一自信，如日月经天、江河行地般地从容、自然和坚强、坚定。

在苏共垮台前不久，有关机构做过的调查结果显示：有 85% 的人认为苏共主要代表了官僚、干部、机关工作人员的利益。当苏联共产党不再是苏联工人阶级的先锋队，不再是苏联人民利益的代表者的时候，苏共党员不站出来捍卫党和国家利益，冷漠看待逐渐走向死亡的苏共也就可以理解了。

（二）对苏联亡党亡国原因研究中其他 12 种观点的简要评析

苏联解体 30 多年来，国内外政治界、学术界对苏共亡党、苏联解体的原因进行了多视角、多维度的探讨和研究，可谓众说纷纭、结论各异，细列有 50 余种。这里，仅列举以下 12 种作简要剖析。

1. 十月革命原罪说

国内外一些所谓学者认为，十月革命是一场强行制造出来的革命，不仅是一个“早产儿”，而且从诞生之日起就充满着“原罪”。这种观点的本质，是从源头上质疑、否定俄国十月社会主义革命的历史必然性，质疑、否定苏联社会主义存在发展的历史正当性。事实上，十月革命绝不是像某些别有用心的人所说的那样，是一种布尔什维克刻意“制造”出来的革命，而是俄国社会阶级矛盾异常尖锐、俄国革命主客观条件成熟的产物，是俄国人民在列宁主义指导下主动选择的结果，是历史的选择、人民的选择。

2. 斯大林模式僵化说

一些学者把苏联解体的主要原因归咎于斯大林模式。在他们看来，斯大林时代形成的高度集中的政治经济体制，严重窒息了苏联社会主义的生机和活力，严重阻碍了社会主义优越性的发挥，最终导致苏共亡党、苏联解体的结局。这种观点夸大了斯大林模式的问题及其在苏联亡党亡国中的作用，混淆了社会主义制度优越性和具体的体制机制弊端，否定了斯大林模式的历史功绩和它的社会主义性质。一方面，斯大林时期的社会主义实践取得伟大成就，高度集中的政治经济体制发挥了巨大作用；另一方面，苏联原有体制机制中存在的问题，只是说明了进行改革的必要性，并不意味着苏联必然亡党亡国。持前述观点的学者中有的是企图全盘否定苏联社会主义制度，为戈尔巴乔夫的罪过开脱责任。

3. 民族矛盾决定说

一些学者认为，列宁提出的民族自决原则和联邦制的国家形式，强化了民族意识和民族情绪，而苏联宪法又保留各加盟共和国自由退出联盟的权利，这就为苏联解体埋下了伏笔。普京也认为，列宁的民族自治思想，给予加盟共和国有退出苏联的权利，最终导致了苏联解体，“它像是被安放在‘俄罗斯’大厦下的核弹，后来这枚核弹爆炸了”。他还认为这是“列宁最大的失误”，“列宁主义的建国原则不仅是一个错误，而且它比错误更糟糕”。言下之意，苏联解体始于列宁的民族自决思想和留有缺口的苏联宪法。上述观点并不符合事实。首先，列宁关于民族自决权的思想，其基本精神是维护被压迫民族的权利，反对大民族尤其是俄罗斯族将自己的意志强加于其他弱小民族。在十月革命的过程中，布尔什维克党正是通过维护民族自决权的口号，支持非俄罗斯族的其他各民族反对沙俄专制制度的民族解放斗争，创建了俄罗斯苏维埃联邦社会主义共和国，在此基础上，1922年按照自愿原则形成苏维埃社会主义共和国联盟。1924年苏联宪法肯定“联盟是各平权民族的自愿联合”，并在第 4 条规定“每一加盟共和国均保有自由退出联盟的权利”，这是基于民族自决权利和苏联形成的历史事实，也是为了防止大俄罗斯主义死灰复燃，破坏新的联盟国家。其次，在斯大林时期，包括在赫鲁晓夫、勃列日涅夫时期，苏联境内各民族之间虽然存在不少矛盾和摩擦，有时有的矛盾还相当尖锐，但总体上是团结、友爱、充满向心力的。西方只是对 1940 年并入苏联的波罗的海三国主权持有疑义，而对 1922 年形成的苏联是承认的。最后，苏联民族矛盾激化、各加盟共和国离心倾向加剧发生在戈尔巴乔夫时期，这是戈尔巴乔夫错误的改革和错误的民族政策造成的，因为苏联各民族团结一致的根本纽带——苏联共产党、马克思主义、社会主义——被戈尔巴乔夫领导集团瓦解了，联盟赖以存在的思想、政治、经济根基被彻底破坏了，在这样的背景下民族分离势力才利用人民的名义和宪法赋予加盟共和国自由退出联盟的权利公开瓦解苏联。其实，苏联宪法同时有维护各民族团结和联盟国家统一的基本原则，然而这些原则却被戈尔巴乔夫和民族分离势力抛在一边。

4. 军备竞赛拖垮说

有学者将苏联解体归因于苏联与美国之间的军备竞赛，认为军备竞赛加重了苏联人民的负担，激化了苏联国内的矛盾，导致经济凋敝、国力不支，最终拖垮了苏联。与西方军事集团的军备竞赛，确实给苏联经济社会发展带来了一定的困难，但这总体上属于国家战略问题，可以通过调整战略目标、降低军费开支等办法，使国家的军事实力与国民经济发展水平相一致，使国防建设不超出人力财力可承受的程度。其实，到了戈尔巴乔夫时期，苏联已经完全放弃与美国等西方军事集团争霸的战略，并从东欧及其他国家全面撤军，不搞军备竞赛并没有挽救苏联覆亡的命运。

5. 经济没有搞好说

一些学者无视苏联长期在发展经济、提高人民生活水平方面作出的巨大成绩，而是片面地将苏联解体归因于社会主义经济体制，认为苏联僵化的经济体制导致经济发展停滞、人民生活水平低下。这种观点没有认识到，苏联经济只是在 20 世纪 70 年代中期之后增速有所放缓，即便到戈尔巴乔夫执政初期苏联经济依然有不低于2%的增长率。苏联经济发生严重衰退和崩溃是在戈尔巴乔夫执政后期，即从1989年开始苏联经济出现负增长，到1991年经济负增长率达到13%。这显然不是苏联僵化的经济体制造成的，而是戈尔巴乔夫错误的改革路线，包括错误的经济改革方针，造成的严重后果。

6. 共产主义乌托邦说

这种观点将苏联解体归因于苏共的指导思想，认为共产主义是一种不可能实现的“乌托邦”，因此苏联必然走向垮台的结局。这种观点主要是戈尔巴乔夫以及西方反共势力提出来的，它根本否定共产主义是马克思主义的科学世界观的目标，是人类社会发展的趋势，而将苏联解体视为对共产主义“乌托邦”的抛弃和向“正常社会”的回归。

7. 人民抛弃说

有的学者认为，人民群众对苏共的不信任使其丧失了执政合法性，这是导致苏共失去政权的主要原因。其实，苏联人民抛弃苏共是从赫鲁晓夫到戈尔巴乔夫领导集团发生蜕变的结果，而不是苏共亡党、苏联解体的原因。要认清戈尔巴乔夫时期苏共的性质，此时的苏共虽然名称没有变，但已经不是原来意义上的信仰马列主义的苏共，而是信仰所谓“人道的、民主的社会主义”的苏共，这时的苏共实质上已经成为不代表苏联广大人民根本利益而仅代表极少数人利益的社会民主党，它被苏联人民抛弃完全是情理之中。从赫鲁晓夫到戈尔巴乔夫领导集团在思想上政治上蜕变才是苏联亡党亡国的根本原因，这样的党最终被人民抛弃是必然结果。在剖析根本原因时，不能倒果为因。

8. 外部因素决定说

一些学者把以美国为首的西方敌对势力长期推行针对苏联的“和平演变”战略，视为苏联解体的根本原因。这种观点片面强调外因的作用，而忽略了外因是通过内因起作用的。没有以戈尔巴乔夫为代表的苏共党内高层的叛变与配合，没有以叶利钦为代表的苏联社会“民主”分裂势力的推波助澜，西方“和平演变”苏联的战略是不可能实现的。

9. 一党执政独裁说

一些学者认为，苏共垮台、苏联解体的真正原因是苏共长期一党执政、垄断政治权力。这种观点完全颠倒了是非黑白。苏联共产党在将近 70 年的时间里长期执政并没有发生亡党亡国的悲剧，而恰恰是在戈尔巴乔夫时期通过修改宪法取消苏共执政地位，并在苏联推行多党制以及三权分立、议会民主、总统制等，才最终导致苏联亡党亡国的结果。

10. 戈尔巴乔夫叛徒全责说

有人把苏联亡党亡国的责任全部归结为戈尔巴乔夫一人，认为苏联解体并不是历史的必然，根本原因是因为出现了戈尔巴乔夫这个马克思主义、社会主义和共产主义与人民群众根本利益的叛徒。这不符合历史唯物主义的基本观点，亦在客观上开脱了赫鲁晓夫、勃列日涅夫领导集团在苏联亡党亡国中应负的责任。恩格斯明确指出："主要的出场人物是一定的阶级和倾向的代表，因而也是他们时代的一定思想的代表，他们的动机不是来自琐碎的个人欲望，而正是来自他们所处的历史潮流。”[①]有了赫鲁晓夫领导集团全盘否定斯大林，开始偏离、脱离马克思主义、社会主义和共产主义与人民群众根本利益的土壤，从一定意义上讲，就必然长出戈尔巴乔夫领导集团这一叛徒的“秧苗”并结出这一毒果。在当时的历史下，即使不出现戈尔巴乔夫，也会出现类似的人物。

11. 苏联解体进步说

有的学者完全站在西方敌对势力的立场上，无视苏联解体对于俄罗斯人民及其在世界范围造成的灾难性后果，反而将苏联解体视为一种“历史的进步”，称苏联解体使苏联走出“历史的迷误”，重回“文明发展的正轨”。还有学者认为苏联解体缓解了中国面临的军事压力，改善了中国的安全环境。此观点只看到了苏联解体带来的个别方面的影响，没有从世界社会主义、人类进步事业的视角全面综合地分析苏联解体的影响及危害。即便就中苏关系而言，也有苏联修正错误而使两国关系回到正

① 《马克思恩格斯选集》第4卷，人民出版社2012年版，第440页。

确轨道的可能，已有社会主义国家交往的历史充分说明了这一点，况且戈尔巴乔夫上台之后中苏关系已有缓和的迹象。不难看出，解决中苏之间的矛盾与冲突，消除中国来自北方的威胁，完全不必以苏共亡党、苏联解体为代价。

12. 各种要素合力说

一些学者认为，苏联解体不是单一因素的结果，是多种因素相互影响、共同作用的结果。这种“各种要素合力说”对造成苏联解体的各种因素进行了综合，有其道理和可取之处，但仅停留在不分主次地罗列苏联解体的各类因素是远远不够的，应当深入研究分析导致苏联解体的最主要的决定性因素，即主要矛盾特别是主要矛盾中矛盾的主要方面及其转化。任何事物规定性，都是由事物内部的主要矛盾特别是主要矛盾的主要方面所决定的。当然也要进一步研究使各种因素形成“合力”的黏合剂是什么。苏共与苏联，原来是列宁、斯大林为核心的马克思主义者领导集团为主导的，后来逐渐演化为赫鲁晓夫直至戈尔巴乔夫为核心的修正主义者领导集团为主导。这才是苏共亡党、苏联解体的本质所在。

作为学术研究，对苏联亡党亡国根本原因的探析，必须坚持“双百”方针，通过扎实、艰苦的研究来揭示真相、逐步形成共识。同时，“原因”探究又从来就不是一个单纯的学术问题，尤其是在历史虚无主义泛滥之时，一个突出的表现就是借否定、扭曲苏共的历史，全盘否定斯大林甚至攻击列宁，来攻击中国共产党、抹黑中国人民的历史选择，来影射、攻击和否定中国人民公认的伟大领袖毛泽东。这类流行一时的“政治标识”在党的十八大之后在表象上确有所改变，但对于借学术话语传达政治诉求的做法仍须保持高度警惕。对于苏联亡党亡国根本原因解读所涉及的重大是非原则，必须旗帜鲜明地坚持正确的政治立场。如果对苏联亡党亡国的根本原因不能得出、作出准确和科学的结论，就可能直接或间接冲击、动摇我们中国共产党和社会主义中华人民共和国的源头、根基。

二、苏联亡党亡国的重要教训

如前所说，苏联亡党亡国最为深刻的警示和教训，就是共产党的自身建设，特别是党的领导集团内部出了问题。

（一）大党的自身建设不仅关乎党的兴衰存亡，而且关乎国家、人民乃至人类的前途命运

苏联共产党曾经创造了史无前例的辉煌成就。它不仅建立了世界上第一个社会主义国家，而且有力发展了社会主义事业，深刻改变了世界格局和人类社会发展方向，马克思列宁主义因此获得广泛的世界影响。

在列宁和斯大林时代，苏共在政治、思想、组织、作风、纪律、制度等方面进行的建设，使其能够适应革命和战争、建设和发展的需要，并推动苏联社会主义建设和国际共产主义事业大踏步前进。在苏共的坚强领导下，苏联人民付出巨大的牺牲和代价，打败外敌入侵，

并建设了强大国家。第二次世界大战中又击败不可一世的德国法西斯和日本法西斯侵略势力，之后，社会主义革命从一国发展到多国，形成了以苏联为首的社会主义阵营。

苏维埃政权是通过苏共的领导来实现人民管理自己的国家的。这就意味着党的自身建设任务艰巨，必须始终保持人民公仆的性质，牢记为人民服务的宗旨。党和人民事业发展到什么阶段，党的建设就要推进到什么阶段。然而，自赫鲁晓夫担任最高领导人时起，苏共各方面的建设尤其是思想、政治、作风建设出现了严重问题，特别是到了勃列日涅夫担任最高领导人后期，苏联官僚主义现象蔓延，腐败问题日益严重，形成了与人民群众根本利益相对立的官僚特权阶层，苏共在人民群众中的形象严重受损，其执政的合法性基础开始动摇。

官僚特权阶层因循守旧，不愿或反对进行任何涉及自身利益的变革。更为严重的是，官僚特权阶层完全脱离广大群众，使党的威信和社会主义声誉下降，为戈尔巴乔夫时期反共反社会主义势力的壮大培植了土壤。为使非法占有的国家资源合法化，特权阶层极力推动苏联社会制度演变，反共反社会主义势力将苏联引向解体。

马克思主义是人民的理论，人民立场是马克思主义政党的根本政治立场。苏联共产党历经革命和战争的考验，领导人民进行社会主义现代化建设，党和人民建立了血肉联系。然而，在和平发展年代，苏共却逐渐忽视了党的建设，党的领导人追名逐利、高高在上、自以为是，忘记了自己的初心使命，逐渐脱离群众，与人民离心离德，最终被人民抛弃、被历史抛弃，也就在情理之中了。

苏共败亡的历史表明，建立政党、夺取政权相对容易，但一朝倾覆、亡党亡国后再图崛起，就会异常艰难。苏联解体后，俄罗斯联邦共产党以和平方式参与国家政治生活，争取恢复社会主义，曾经发挥过重要影响。然而，进入21世纪以来，俄共发展并不稳定。2018年3月，俄罗斯举行第七届总统大选，曾4次落选的俄共领导人久加诺夫没有参选，俄罗斯联邦共产党推举了无党派人士格鲁季宁（Павел Грудинин）作为其候选人。

2021 年 9 月，俄罗斯官方公布了第八届杜马选举结果，统一俄罗斯党得票率为 49.82%，俄共为 18.93%。但俄共实际得票率为 30%，统一俄罗斯党为 35%。

政权易手后，广大老百姓与共产党人的处境变得十分艰难。俄罗斯科学院通讯院士、著名经济学家鲁斯兰·格林伯格（Руслан Гринберг）在苏联解体 25 年时，曾对俄罗斯经济发展状况作过这样的解读："如果有很多穷人，经济就不会成功。"他认为，当代俄罗斯正经历着苏联解体后前所未有的大规模贫困问题，这是俄罗斯 25 年经济转型失败的象征；经济不平等不仅是可耻的，而且对国家经济发展极为不利。2019 年鲁斯兰·格林伯格再次指出，2018 年 3%最富有的俄罗斯公民拥有国家 89%的金融资产，这是轻率拒绝苏维埃正义的结果，清楚地表明俄罗斯选择了一条错误道路。

2021 年 12 月 8 日，俄罗斯国家杜马主席沃洛金（Вячеслав Володин）发文回忆苏联解体时表示，苏共高层领导人在国家最困难的时期选择背叛理想、背叛国家、背叛人民，而政治精英们则从国家崩溃中攫取利益，美国和欧洲也因此得以消灭了一个强大的意识形态对手，将苏联分裂成不同的国家。但在这个过程中，苏联 15 个加盟共和国却没有任何一个从国家崩溃中获益。沃洛金强调，这些加盟国的经济、工业联系被切断，工业能力丧失，这一切综合要素导致了一场重大危机，而到目前为止，他们仍在承受着这场悲剧带来的后果。①

与此相反，以“非常规战争”即意识形态战、经济金融战等为主要手段摧垮苏联和东欧社会主义国家的美国，却从苏联解体、东欧剧变中收割了巨额财富，原用于军事对抗的计算机、互联网等高科技产业，转为民用，进一步形成金融资本 + 技术资本，共同推进了美国经济高增长，以美元霸权为基础和以美国为主导的经济全球化达到了一个新的巅峰。这亦相当于苏联和东欧国家将自己的财富拱手相让，奉养了自己的竞争对手。

① 参见《苏联解体 30 周年，俄国家杜马主席：至今没有任何前加盟共和国从中获益》，http://news.sohu.com/a/506484055_115479。

（二）领袖的信仰信念、理论素养、人生观和价值观直接关系社会主义宏伟大业的成败

从苏联共产党兴亡的经验教训看，马克思主义政党的领导人，必须如列宁所说是“最有威信、最有影响、最有经验、被选出担任最重要职务而称为领袖的人们”[①]，需要他们具备高瞻远瞩、领航掌舵的政治远见，坚定非凡、无所畏惧的革命勇气，开拓创新、驾驭复杂局势的卓越领导能力，更为重要的是，需要他们能够始终站在历史和时代发展的正确一边，带领党和人民始终沿着正确方向前进。

自列宁、斯大林之后，苏共主要领导人的思想政治素养下滑，意志品质低下，有的还变成了特权阶层利益的顽固维护者。“肉食者鄙，未能远谋。”他们更多的是考虑个人、家庭和小集团的利益。到了戈尔巴乔夫时期，苏共领导集团经不住复杂局势的考验和物质利益的诱惑，理想信念、意志品格、人生观、价值观等都发生了根本

---

① 《列宁专题文集·论无产阶级政党》，人民出版社 2009 年版，第 249 页。

的变化，苏联社会主义事业遭遇覆亡的命运也就无法改变了。

历史是最好的老师。在列宁、斯大林领导时期，苏共之所以能够由弱到强、领导社会主义事业蒸蒸日上，是因为有列宁、斯大林这样坚强有力的领导核心和领导集体的存在，而斯大林逝世之后，苏共之所以由盛转衰，其所领导的社会主义事业最终毁于一旦，也是因为苏共缺乏坚强有力的领导核心和领导集体。中国共产党由小变大、由弱到强，历经百年风雨取得辉煌成就，正是因为有了毛泽东、邓小平、江泽民、胡锦涛、习近平等坚强有力的领导核心和领导集体，中国革命、建设和改革事业因此无往而不胜。

（三）思想上理论上政治上不清醒、不正确、不坚定，势必将党和国家引向歧途甚至邪路

如果党的领导人和领导集体缺乏马克思主义思想理论的科学武装，就容易在复杂多变的国内外形势面前迷失方向、失去动力。苏共在思想上理论上政治上不清醒、不正确、不坚定，极大地危害了党和人民的事业。

在赫鲁晓夫和勃列日涅夫担任最高领导人时，他们看不清帝国主义的本性，淡化国际范围的阶级斗争，一厢情愿地提出“和平共处”“和平竞赛”“和平过渡”，并出于“苏美合作，主宰世界”的政治需要，在社会主义阵营搞大党主义和大国沙文主义，在世界范围推行霸权主义。为了加强对东欧盟国的控制，勃列日涅夫抛出了所谓“社会主义大家庭论”“有限主权论”和“国际专政论”，控制其他兄弟国家，甚至公然武装入侵捷克斯洛伐克，还打着“支持民族解放运动”的旗号对第三世界进行侵略扩张。苏共的这些错误做法，败坏了马克思主义政党的声誉，导致国际共产主义运动发生分裂等严重后果。

戈尔巴乔夫推行外交“新思维”，鼓吹“全人类的利益高于一切”，认同西方价值观为“全人类价值观”，抛弃马克思主义阶级斗争学说和阶级分析的方法，按照西方价值观指引国内改革，在思想上行动上完全投靠以美国为首的西方国家，甚至出卖苏联核心利益以换取西方的信任，结果换来的却是亡党亡国的悲剧，以及西方世界的弹冠相庆。苏联的教训深刻表明，社会主义国家如果走屈服、投降西方国家的道路，改旗易帜，必然自取灭亡。

要避免走改旗易帜的邪路，就必须坚持马克思主义立场观点方法，充分认识到在社会主义制度与资本主义制度并存和较量的时代，在国际垄断资产阶级仍主导世界的时代，绝不能屈服于帝国主义的压力，搞不讲原则、不计后果的妥协退让。应当清醒地看到，自从出现社会主义国家以来，国际反动势力一直没有放弃敌视和颠覆社会主义制度的战略图谋，国际舞台上始终存在着渗透与反渗透、颠覆与反颠覆的斗争，有时还达到十分尖锐的程度。面对复杂尖锐的国际斗争形势，社会主义国家执政党既要善于把握时机，调整政策，尽可能将国际关系引向有利于和平、有利于发展、有利于人类进步事业的方面，又要时刻保持清醒正确的政治头脑，坚持原则，敢于斗争，确保国内的和平、稳定与发展。

（四）要把体现人民意志的根本制度体现在宪法的文本里和贯彻落实中，绝不能动摇或变相动摇甚至取消这些根本原则

无产阶级的历史使命只有在其先锋队组织的领导下

才能逐步实现。因此，无产阶级在夺取政权后，制定一部体现工人阶级和劳动人民意志的根本法，将国家人民民主专政的社会主义性质和共产党在社会主义国家中的核心领导地位，通过宪法法律文本明确予以确认与维护，并把这些根本制度通过各种基本制度、重要制度坚决落实到人民群众的经济、政治和文化，以及外交等方方面面，绝不能仅把这一根本制度通过各种基本制度、重要制度空悬在法律条文里，甚至从法律条文里就直接取消这些不可动摇的原则。只有这样，才能确保党和国家的社会主义性质，维护广大人民的根本利益。否则，这样的党和国家必将被人民所抛弃。

1989 年以后，在政治“多元化”、社会“民主化”等旗号下，戈尔巴乔夫采取所谓“自由”“公正”的方式，直接选举人民代表和最高苏维埃代表（议员），结果是一大批激进分子、反苏反共头面人物、持不同政见者当选。“跨地区议员团”提出“一切权力归苏维埃”，要求废除苏联宪法第 6 条关于苏共领导地位的内容。1990 年苏共中央二月全会决定放弃苏共执政地位，在苏联推行多党制。同年3月召开的苏联人民代表大会，正式废除了苏联宪法第6条，规定苏联实行多党制、总统制，建立三权分立的国家政治制度，这就从根本上摧毁了苏共执政的法理根基，给苏维埃政权和苏联社会主义制度以致命一击。

在宪法中，确立并维护共产党的执政地位，确立并维护社会主义根本制度、基本制度、重要制度，具有极端重要性。苏联的教训给我们敲响了警钟。一段时间以来，在我国出现了一股所谓“宪政民主”思潮，其打着“民主”“法治”等旗号，要求修改我国宪法关于共产党领导地位的表述、借鉴美国等西方国家经验搞“宪政民主”，内容包括所谓开放“党禁”“报禁”，推行多党制、议会民主、三权分立，推行“司法独立”“政治中立”和军队“非党化”，“在民主宪政的架构下建立中华联邦共和国”。这些主张和戈尔巴乔夫时期“改造苏共”的言论如出一辙，要害是把党的领导与宪法和法律对立起来，否定党的领导、取消人民民主专政，实质是否定我国宪法及其确立的制度和原则，最终实现改旗易帜，把西方政治制度模式搬到中国来。我国宪法始终明确并维护中国共产党的领导地位和执政地位。2018 年宪法修正案在正文第一条中添加“中国共产党领导是中国特色社会主义最本质的特征”这一内容，是无比正确的。事实表明，不是“宪政民主”能够拯救苏联，而恰恰是“宪政民主”搞垮了苏联。

（五）坚持共产主义远大理想，坚定社会主义必胜信念，党才有凝聚力、战斗力

苏共软弱涣散，丧失战斗力，根本原因在于放弃了马克思主义政党的性质、宗旨和奋斗目标，放弃了为人民谋幸福、为人类谋解放的崇高追求。尤其是苏共领导人淡化、放弃、背离社会主义和共产主义理想信念，对于全体党员起到的是恶劣的“榜样作用”，教训极其惨痛。

赫鲁晓夫在思想上、政治上宣扬阶级调和的“全民党”“全民国家”论调，宣扬抽象的、超阶级的人道主义观，要求把所谓“伟大的人道主义”作为“我们的意识形态”，淡化马克思列宁主义指导地位。苏共在勃列日涅夫担任最高领导人后期普遍存在言行不一、形式主义、夸夸其谈、只说不做等现象，严重弱化党的影响力，使苏共的威信不断下降。到了戈尔巴乔夫时期，苏共彻底放弃马列主义指导地位，党内思想混乱，派别林立，乱象丛生，人心涣散，最终惨遭解散的命运。

苏联惨痛的教训表明，坚定理想信念对于马克思主义政党具有重大意义，对于社会主义国家具有重大意义。从一定意义上讲，理想信念是否坚定，直接关系到党和国家的生死存亡，必须始终如一地坚持和加强党的理想信念教育。理想信念是共产党人的政治灵魂和精神支柱，是克服一切困难、取得一切成就的思想保证。中国共产党持之以恒加强党的思想理论建设，坚持思想建党，推进理论强党，高度重视社会主义意识形态工作，加强意识形态阵地建设，牢牢把握意识形态工作领导权，这一系列重大举措是完全正确的。

（六）放弃马克思主义指导地位，违背科学社会主义原则，必然导致改旗易帜、亡党亡国的恶果

围绕改革问题，历来存在两种不同的改革观：一种是把改革看作社会主义制度的自我完善和发展，把坚持社会主义根本制度、基本制度与完善不适应生产力发展要求的具体制度有机统一起来，既把改革视为一场根除体制机制弊端和突破思维、利益固化藩篱的革命性变革，又坚持科学社会主义基本原则，保证改革始终沿着社会主义方向和道路前进。这是在实践中被证明为正确的马克思主义改革观。另一种改革观主张本质上不属于社会主义性质的改革，它是借改革之名，打着“改革”旗号，根本否定社会主义根本制度、基本制度，把资本主义的那一套社会制度移植过来，实现国家的资本主义化，戈尔巴乔夫的改革就属于这种类型。

纵观苏联历史，如果说改革始于赫鲁晓夫的话，那么从赫鲁晓夫到戈尔巴乔夫上台之前，一方面，苏共领导集团在思想上政治上已经开始偏离、背离马列主义基本原理与社会主义根本制度和基本制度；另一方面，仅在原来体制机制下采取一些修补措施。而从戈尔巴乔夫担任最高领导人至苏联解体，推行的则完全是否定社会主义制度、背离科学社会主义原则的所谓“改革”，把矛头指向社会主义制度本身，根本否定社会主义根本制度、基本制度。

从苏共的教训看，在改革问题上既不能走僵化封闭的老路，也不能走改旗易帜的邪路。其中，不走改旗易帜的邪路，避免犯颠覆性的错误，尤为关键。党的十八大以来，以习近平同志为核心的党中央，强调我国的改革是有着坚定正确的政治方向、立场和原则的，最核心的是坚持和改善党的领导、坚持和完善中国特色社会主义制度，强调我们要增强政治定力，坚守政治原则和底线，绝不能把改革变成“改向”，变成对社会主义制度的改弦更张，这些重要论断是完全正确的。

（七）高度重视意识形态工作，及时回击各种非马克思主义、反马克思主义思潮，在思想政治理论上时刻保持党的革命性、先进性和纯洁性

纵观苏俄和苏联 70 余年的历史，苏共的意识形态工作经历了一个演化蜕变的过程。列宁时期坚持以马克思主义为指导，在长期的革命实践中为布尔什维克党确立了意识形态工作的原则、方针和理论指导，开创了马克思主义意识形态工作的先河。斯大林时期的意识形态工作既有重大成就也出现过偏差，但总体上方向是正确的，坚持并发展了马克思列宁主义。在列宁、斯大林时期，苏共对各种反马克思主义思潮的批判和清算是坚决的、彻底的，使党在很长一个历史时期能够自觉抵御各种资产阶级思潮的侵蚀，尤其是对民主社会主义及其前身社会民主主义本质的认识是深刻的、清醒的。这显然与列宁、斯大林长期坚持与第二国际右派进行坚决的斗争有直接关系。

从赫鲁晓夫开始，苏共意识形态工作在偏离马克思主义的轨道上越走越远，苏联各种非马克思主义、反马克思主义思潮开始死灰复燃。另外，我们也要看到，第二次世界大战后，世界范围内资本主义与社会主义两种根本不同的社会制度和资产阶级与无产阶级两大阶级之间的对立和斗争有所缓和，当时流行的民主社会主义、西方资产阶级思想，借赫鲁晓夫大反斯大林之机以及匈牙利事件和波兹南事件造成的反共浪潮，也竭力拓展着自己的影响。

赫鲁晓夫时期，苏共党内出现“人道主义化”，党员的马克思主义信念受到极大冲击。当时，东欧一些国家如波兰、匈牙利、捷克斯洛伐克、南斯拉夫等出现“新马克思主义”派别，这些派别以摆脱“传统马克思主义”束缚之名，否定列宁主义，否定科学社会主义原则。西欧各国的社会党人高举民主社会主义旗帜，服务帝国主义向社会主义国家推行“和平演变”战略的需要。赫鲁晓夫的“人道主义”以及“三和”“两全”思想就是在这种国际环境中形成的。这股错误思潮在苏共党内长期得不到纠正，以致演变成所谓的“人道的、民主的社会主义”改革。

经过勃列日涅夫形式主义的治理，各种错误思潮有增无减，使苏共思想上的纯洁性受到很大影响，党内形成了滋生反马克思主义思潮的温床。到了戈尔巴乔夫时期，苏共领导集团则走上全面彻底否定马克思列宁主义的错误道路，各种错误思潮严重泛滥。

戈尔巴乔夫抛弃唯物史观揭示的人类社会发展规律，照搬资产阶级的抽象人性论分析苏联社会中存在的问题，认为苏联的社会主义不符合所谓人性，甚至摧残所谓的人性，“阉割了社会主义结构的人道本质”。他还曲解《共产党宣言》关于“每个人的自由发展是一切人的自由发展的条件”这一论断，认为这是一个“人道主义的纲领”，体现了“伟大的人道主义原则”。他还把人道主义视为社会主义社会的本质要求，视为社会主义改革的目标与任务，视为共产党人的奋斗目标，这就完全陷入唯心史观的泥潭。

“人道主义”作为资产阶级反对封建专制与神学统治的一面旗帜，在历史上有其进步意义，但资产阶级所说的人和人性，是抽象的人、抽象的人性，是不具有阶级属性的所谓的“自然而永恒”的东西，是所谓“衡量一切包括人类历史的标准与尺度”。把历史发展和社会进步的动力归于人类的善良天性或者人类的理性，这是唯心史观的典型表现。抽象的人性论既看不清苏联社会问题的本质，也看不清人类社会发展规律，使苏共迷失了前进方向，也使马克思主义政党的革命性、先进性和纯洁性荡然无存。

历史证明，以邓小平同志为主要代表的中国共产党人在20世纪80年代初，旗帜鲜明地开展清除精神污染的斗争，批判抽象的人性论和抽象的人道主义是完全正确的。这对于我国摆脱苏联解体、东欧剧变的消极影响，推动我国改革沿着正确方向前进，发挥了巨大作用。

苏联亡党亡国的教训表明，意识形态工作贵在防微杜渐、防患于未然。意识形态这块阵地，马克思主义不去占领，非马克思主义、反马克思主义思潮就必然会去占领。社会主义国家必须高度重视意识形态工作，牢牢把握意识形态工作领导权，必须毫不动摇地坚持马克思主义指导地位，加强党的思想理论建设，持之以恒地锤炼党性修养，同一切反马克思主义思潮作坚决斗争，让思想舆论阵地牢牢掌握在马克思主义者手里。

社会存在决定社会意识。只要资本主义私有制依然存在，建立在私有制基础上的各种非马克思主义、反马克思主义思潮的社会基础就始终存在。历史表明，马克思主义同非马克思主义、反马克思主义的斗争是长期的，共产党人必须给予足够的警惕。

中国共产党始终高度重视并努力进行意识形态建设

工作，特别是党的十八大以来，以习近平同志为核心的党中央，强调意识形态工作具有极端重要性，号召全党充分认识意识形态工作的长期性、艰巨性、复杂性，牢牢掌握意识形态工作领导权，发扬斗争精神，提高斗争本领，建设具有强大凝聚力和引领力的社会主义意识形态，不断夺取新时代伟大斗争新胜利，这些重大论断和决策是英明正确的。

（八）毫不动摇坚持党对军队的绝对领导，绝不能自断脊柱，沦为反动势力刀俎下的鱼肉

苏联红军自创立起，就遵循列宁的建军原则，确立了苏共对红军的绝对领导，将无产阶级的军队牢牢掌握在无产阶级政党手中。国际共产主义运动历史的经验和教训一再证明，坚持党对军队绝对领导的根本原则和制度，坚持把思想政治建设摆在军队各项建设首位，具有极端重要性。

1991年苏联“8·19”事件中，奉命进入莫斯科的空降兵部队、克格勃“阿尔法”行动小组拒绝执行上级命令，调转枪口，支持“民主纲领派”的叶利钦。在国家面临生死存亡的关键时刻，苏共自己缔造的军队非但不履行自己的使命责任，反而临阵倒戈，加速了苏共的崩溃和国家的瓦解，究其根本原因是戈尔巴乔夫以“改革”为名，搞所谓“军队国家化”“军队非党化”的恶果，使苏共彻底放弃了对军队的领导权。

在思想上，戈尔巴乔夫极力宣扬军队“非政治化”“非党化”和军队“国家化”，其实质是把领导军队的最高指挥权由苏共中央转移到苏联总统那里。在政治上，撤销了军队总政治部，削减了军队各级政治机关，裁减了数万名军官，取消了军官晋升的政治审查制度，使军队对党和国家的忠诚度、可靠性迅速下降。此外，1990 年 3 月制定的《关于设立苏联总统和苏联宪法（根本法）修改补充法》，从法律上剥夺了苏共领导和指挥苏联军队的最高权力。

为达到把领导军队的权力从苏共手中夺出来的目的，苏联的历史虚无主义思潮更加泛滥，开始制造旨在颠覆国家的舆论，将否定的矛头指向苏联军队和苏联英雄。反苏反共报刊和极端势力专门揭露和抨击苏军的所谓问题，把因戈尔巴乔夫错误改革造成的后果嫁祸给军队，苏军成了苏联同其他国家关系紧张的“罪人”，而经济衰退是苏军这只“怪兽”吸干了国家血汗的结果。诋毁苏联军人、否定苏军历史成为时髦。卓娅（Зоя Космодемьянская）、马特洛索夫（Александр Матросов）、克洛奇科夫（Федор Крючков）、青年近卫军等苏联国家英雄和英雄团体遭到污蔑。在他们口中，苏军成了“法西斯政权”的帮凶，卫国战争胜利不过是苏联这个“大法西斯”打败了德国这个“小法西斯”。1990 年 11 月 14 日，苏联元帅阿赫罗梅耶夫（Сергей Ахромеев）在《苏维埃俄罗斯报》发表文章指出，整个反军活动从今年年中起就已不再是局部问题了。分离主义和反社会主义势力把败坏军队名誉的方针同排挤共产党的做法结合起来，并搞起要求政府辞职的大规模动乱。

当时被谎言玷污的绝不仅仅是卓娅一位英雄。苏联国内外敌对势力对苏联人民引以为傲的几乎所有英雄人物都进行了诽谤和侮辱，如苏联近卫军列兵亚历山大·马特维耶维奇·马特洛索夫（Александр Матвеевич

Матросов），1943 年 2 月 23 日在普斯科夫州大卢基城下争夺切尔努什卡村的战斗中，他用自己不屈的胸膛堵住了从德军碉堡向外喷射着火舌的机枪眼。马特洛索夫为胜利奉献了年仅 19 岁的宝贵生命。1943 年 6 月 19 日，他被追认为“苏联英雄”。时隔 9 年后在朝鲜战场也出现了马特洛索夫式的英雄——中国人民志愿军特等功臣、特级英雄黄继光。然而这位“苏联的黄继光”在戈尔巴乔夫时期却被丑化成“少年犯”、从古拉格流放地走上前线的“囚犯军人”。造谣者还污蔑说：马特洛索夫身材矮小瘦弱，德军机枪口径达 40 毫米，且有多挺机枪射击，射击孔宽度达一米半，他不可能挡住枪眼。就连目睹马特洛索夫牺牲的战友塔吉罗夫（Хамза Тагиров）的证词也遭受质疑，认为其记忆靠不住。这些说法和我国一度出现的污蔑黄继光的流言蜚语何其相似！只不过这些历史虚无主义的邪说，自党的十八大以来已经被广大群众批得如过街老鼠。同时，我国也作出了维护英雄声誉的立法，严惩对人民英雄模范的玷污行为。

一个否定了英雄的社会，注定是没有前途的。如过江之鲫的谎言，不仅搅乱了舆论，混淆了视听，使500万苏联军队丧失昔日的一切荣光，使苏联人民丧失保卫自己政权的坚强后盾，而且也使拥有近2000万党员的苏共与70余年历史的苏俄和苏联一起走向瓦解。强大苏军的最终命运让人唏嘘不已，历史镜鉴值得我们永远牢记。

（九）要高度警惕西方“和平演变”战略，绝不能让“第五纵队”在国内甚至党内横行无忌，尤其是在党的领导集团中出现“鸠占鹊巢”之现象，否则党和国家的倾覆将成为必然

“和平演变”是约翰·杜勒斯（John Dulles）和艾伦·杜勒斯（Allen Dulles）兄弟二人在1953—1961年为美国政府“遏制”社会主义国家提出的战略思想。1945年第二次世界大战即将结束之际，时任美国情报部门高级官员的艾伦·杜勒斯详细勾勒出如何用和平办法促使苏联演变：“战争将要结束，一切都会有办法弄妥，都会安排好。我们将倾其所有，拿出所有的黄金，全部物质力量，把人们塑造成我们需要的样子，让他们听我们的。”“人的脑子，人的意识，是会变的。只要把脑子弄乱，我们就能不知不觉改变人们的价值观念。”“我们一定要在俄罗斯内部找到同意我们思想意识的人，找到我们的同盟军。”“我们将不知不觉地，但积极地和经常不断地促进官员们的恣意妄为，让他们贪贿无度，丧失原则。”“我们将从文学和艺术中逐渐抹去他们的社会存在。”“我们将以高超的手法，在不知不觉间把这一切都神圣化，让它绽放出绚丽之花……只有少数人，极少数人，才能感觉到或者认识到究竟发生了什么。但是我们会把这些人置于孤立无援的境地，把他们变成众人耻笑的对象；我们会找到毁谤他们的方法，宣布他们是社会渣滓。”[①]1953年1月15日美国国务卿约翰·杜勒斯声称，要摧垮社会主义对自由世界的威胁必须是而且可能是和平的方法。那些不相信精神的压力、宣传的压力能产生效果的人太无知了。

西方敌对势力对苏联推行“和平演变”战略，首先

① ［俄］尼·伊·雷日科夫：《大国悲剧：苏联解体的前因后果》，徐昌翰等译，新华出版社2010年版，第1—2页。

是在苏联党、国家各级领导及社会各界中尤其是最高领导层培植西方的强大内应力量，也就是俗称的“第五纵队”[①]。西方利用文化交流、经济活动、人员往来等途径进行思想文化渗透，培植西方在苏联的代言人；主要通过广泛招募各学科的专家、学者，利用宣传、互访、侦察、谍报等手段，进行大规模的心理战；通过声援、收买等途径，支持苏联的持不同政见者；利用民族矛盾，制造民族分裂，煽动苏联社会的不满情绪；通过散布政治谣言，丑化列宁、斯大林等苏联领导人的形象，煽动群众对苏联制度的反感和仇恨及对西方社会的向往。

1956 年 9 月，美国政府决定利用赫鲁晓夫倡导社会主义同资本主义“和平共处”之机，鼓动苏美间进行“大规模人民对人民的交流”，主张邀请一万名苏联大学生到美国留学，费用全部由美国政府负担。其寄希望有朝一日，美国培植的这一批人在苏联掌权。后来的事实证明，

---

① “第五纵队”是指在内部进行破坏，与敌人里应外合，不择手段意图颠覆、破坏国家团结的团体。

美国人没有白费苦心。美国通过吸引大量苏联年轻人赴美留学等方式，对他们进行反共宣传，培养出一批亲美亲西方的反共反社会主义力量。雅科夫列夫就是其中的一位典型代表。据原苏联国家安全委员会主席克留奇科夫（Владимир Крючков）披露，雅科夫列夫 1960 年在美国哥伦比亚大学进修期间被美国特工机关收买并在苏联“改革”期间接受过美国方面的指示。

西方还利用自己把持的诺贝尔奖、各种基金会以及各种非政府组织，影响并主导苏联社会的知识分子群体，培植亲西方的“知识精英”，让他们宣传西方的思想理论和价值观。诺贝尔文学奖、和平奖包括经济学奖，都带有鲜明的西方意识形态色彩。苏联一共获得 5 次诺贝尔文学奖、2 次诺贝尔和平奖。获得诺贝尔文学奖的除了 1965 年获奖的苏联著名作家、《静静的顿河》作者肖洛霍夫（Михаил Шолохов）外，其余 4 位获奖者的作品都以否定和丑化十月革命、斯大林时期而著称，最有名的就是以撰写《古拉格群岛》闻名的索尔仁尼琴（Александр Солженицын）。两个和平奖一个奖给了苏联著名“持不同政见者”、科学家萨哈罗夫（Андрей Сахаров），此人从 20 世纪 70 年代起从事反苏反共政治活动，他在 1975 年的获奖源自西方对其政治活动的肯定。另一个和平奖在 1990 年给了戈尔巴乔夫，奖励他在瓦解苏共及推动东欧“民主”方面作出的“杰出贡献”。至此，暗箱操作诺贝尔奖的黑手终于暴露出来了。

西方非政府组织在瓦解苏共意识形态、推动苏联解体方面也发挥了重要作用。以反共、反马克思主义著称的新自由主义代表人物——英国经济学家、政治学家哈耶克（Friedrich Hayek），在英国财团资助下利用蒙特普列基金会，在 20 世纪 80 年代积极参与西方对苏联的思想渗透，重点资助一批苏联学者到西方进修，其中包括盖达尔（Егор Гайдар）、丘拜斯（Анатолий Чубайс）。在哈耶克和蒙特普列基金会影响下，盖达尔、丘拜斯极力在苏联和俄罗斯传播新自由主义思想，推行以新自由主义为理论基础的“休克疗法”，成为导致苏联经济和俄罗斯经济崩溃的重要推手。

美国开放社会基金创始人索罗斯于 1987 年在莫斯

科建立了苏联索罗斯基金会，积极资助反苏反共的自由派分子从事解体苏联的政治活动，比如著名的“持不同政见者”、历史学家尤里·阿法纳西耶夫（Юрий Афанасьев）。除此之外，索罗斯基金会还在1990年资助由亚夫林斯基（Григорий Явлинский）等人组成的旨在制订苏联向自由市场经济过渡方案（“500天计划”）的工作小组。该基金会还资助大量新闻记者和电视主播，培养了一批所谓独立的电视媒体专家，充当反苏反共的喉舌，积极从事反苏反共活动。

以美国为首的西方尤为重视在苏联各级领导层寻求培植代理人。西方的神秘组织共济会在推动苏联解体过程中也发挥了重要的催化作用。据俄罗斯历史学家普拉托诺夫（Олег Платонов）在《俄罗斯荆棘之冠：共济会历史（1731—1995）》一书中揭露，自1945年至1994年，原苏联体制内约有400名以上的党政高级官员加入共济会或隶属共济会的国际组织（如“彼得伯格俱乐部”、“大欧洲”委员会、“国际俄罗斯俱乐部”等），其中包括戈尔巴乔夫、雅科夫列夫、谢瓦尔德纳泽、叶利钦等苏共高层领导人。[1]

作为苏联这样大国大党的总书记，本应是全心全意为本国和世界的绝大多数人服务亦即“我将无我，不负人民”的坚定清醒的马克思列宁主义者，但十分可惜，这样关键重要的岗位，却逐渐出现“鸠占鹊巢”这一奇特的现象，被党内的蜕化变质分子和共产主义事业的叛徒所把持。这一奇特现象的出现，当然有极其复杂的党内国内原因，但与极其复杂的国际因素亦有着直接的关联。很多确凿材料证明，戈尔巴乔夫这样一个完全丧失了共产主义信仰的人之所以能够当选苏共中央总书记，与以美国为首的西方势力的诱导和扶植密切相关。苏联著名持不同政见者亚·季诺维也夫（Александр Зиновьев）称，1979 年左右他曾与英国情报机构的某工作人员交谈，该工作人员告诉他：“很快他们（即西方势力）将把自己

① 参见张文木：《共济会的演变及其历史命运》,《世界社会主义研究》2019 年第 4 期。

的人安排在苏联的王位。”[①] 尽管这个工作人员并没有提及戈尔巴乔夫的名字，但季诺维也夫据此作出结论：这一预言有先见之明。早在 1983 年之前，美国中央情报局就掌握了关于戈尔巴乔夫的很多情报，这些情报使美国特工部门相信，“可以利用他为自己的政治利益服务”[②]。此后，以美国为首的西方多次试图与戈尔巴乔夫建立秘密联系，并将他视为苏共领导人的最佳人选。撒切尔夫人也曾直言不讳：“是我们让戈尔巴乔夫成为总书记。”[③] 有评论认为，伦敦先于莫斯科批准了戈尔巴乔夫当选苏共中央总书记。其实，1953 年在莫斯科大学学习时，戈尔巴乔夫就与捷克留学生兹德涅克·姆林纳日（Зденек Млынарж）成了好朋友。而兹德涅克却是美国在捷克早就着力培养的“持不同政见者”。兹德涅克 1968 年任捷

① 李慎明主编：《苏联解体——二十年后的回忆与反思》，社会科学文献出版社 2011 年版，第 232 页。

② 李慎明主编：《苏联解体——二十年后的回忆与反思》，社会科学文献出版社 2011 年版，第 234 页。

③ 马维先：《关于苏联解体的六大问题》，《世界社会主义研究》2021 年第 10 期。

共中央委员会书记和主席团成员，是“布拉格之春”的领袖之一，1970 年被开除出党。1977 年，兹德涅克还与其他 240 位捷克斯洛伐克的知识分子及其他界别、阶层的人士签署并发布了要求保护所谓基本人权的宣言《七七宪章》，对所谓斯大林主义的专制统治发起挑战。戈尔巴乔夫表面上与兹德涅克基本没有联系，但戈尔巴乔夫传记的作者格拉乔夫（Андрей Грачев）曾引用戈尔巴乔夫 1994 年对《共青团真理报》所说的话：“兹德涅克是我最亲密的朋友，比任何人都更亲密。”2002 年戈尔巴乔夫还证实：“我有一个朋友叫兹德涅克·姆林纳日，直到他生命的最后时刻，我们都保持着友好关系。”当选总书记之后，戈尔巴乔夫立即邀请兹德涅克赴莫斯科，但与他的会见却不公开。[①]

美国中情局高官艾伦·杜勒斯在 20 世纪 60 年代中期出版的《间谍艺术》一书中承认，西方情报机构密切关

① 参见李慎明主编：《苏联解体——二十年后的回忆与反思》，社会科学文献出版社 2011 年版，第 232、233 页。

注着社会主义国家“各个级别的共产党员，从最高层到基层，认真建立档案卷宗，详细记录他们的活动和讲话，个人和社会生活的有关情况”。苏联克格勃将军西多连科（Андрей Сидоренко）回忆说：“20世纪60年代中期，克格勃从其消息来源得到了关于中央情报局和美国其他特工机构转入招募所谓利益代理人的第一份情报。”“而招募这些利益代理人，是为了在将来使用，即指望在今后的某一未知的时刻，他们能够晋升到党和国家机关、有影响的社会机构以及苏联军队，并在那里工作。”[①]俄罗斯历史学家奥斯特罗夫斯基（Александр Островский）在《谁扶持了戈尔巴乔夫？》一书中提出：“戈尔巴乔夫的姓名出现在中央情报局人物资料卡片的时间，不会晚于1968年，当时他任斯塔夫罗波尔边疆区党委第二书记。”[②]

① 李慎明主编：《苏联解体——二十年后的回忆与反思》，社会科学文献出版社2011年版，第234页。

② 李慎明主编：《苏联解体——二十年后的回忆与反思》，社会科学文献出版社2011年版，第234页。

苏联解体后，美国中央情报局局长罗伯特·盖茨（Robert Gates）不无骄傲地在莫斯科红场散步并说道："我们知道，无论施加经济压力还是进行军备竞赛，甚至用武力也拿不下来。只能通过内部爆炸来毁灭它。"原苏联部长会议主席尼古拉·雷日科夫说："如果内部没有一个实际上完全奉行苏联的敌人所树立的目标的'第五纵队'，而只靠外部力量，谁也不能把我们国家怎么样。"[①]原苏联国防部部长德米特里·亚佐夫说："有一支所谓的'第五纵队'，这些人依靠美国人吃饭。这些人不多，但正是他们打残了苏联。"[②]

在戈尔巴乔夫去世后，拜登等西方国家领导人给予他极高的评价，毫不吝啬地给他献上了种种溢美之词。美国总统拜登称："戈尔巴乔夫是一位有着非凡远见的人。在他上台执政时，冷战已持续了将近 40 年，而共产主义

① ［俄］尼古拉·雷日科夫：《大国悲剧：苏联解体的前因后果》，徐昌翰等译，新华出版社 2010 年版，第 3 页。

② 李慎明主编：《苏联解体——二十年后的回忆与反思》，社会科学文献出版社 2011 年版，第 73 页。

存在的时间甚至更久，带来毁灭性的后果。苏联高层领导人中几乎没有人有勇气承认需要进行改变。作为美国国会参议院外交关系委员会的成员，我看到戈尔巴乔夫这样做了，并且他做的不止于此。”[①] 英国首相约翰逊表示：“我对戈尔巴乔夫去世的消息感到悲伤。我一直钦佩他为和平结束冷战表现出的勇气和诚实。”[②]

“第五纵队”的存在，使美西方“和平演变”战略获得全面的“胜利”。这是自社会主义国家建立后，西方从未有过的“胜利”。苏联“第五纵队”的危害告诉我们，军事战场上的战斗往往因为看得见而惊心动魄，但是在经济、思想、文化等看不见的战场上的战斗，表面上风平浪静，但因其具有很强的隐蔽性、迷惑性，往往变得更加致命。

---

① 《拜登总统关于米哈伊尔·戈尔巴乔夫总统逝世的声明》，https://china.usembassy-china.org.cn/zh/statement-of-president-biden-on-the-passing-of-president-mikhail-gorbachev/。

② 《约翰逊称他一直很钦佩戈尔巴乔夫的勇气和诚实》，https://baijiahao.baidu.com/s?id=1742638963648479844&wfr=spider&for=pc。

以美国为首的西方在苏联策反安置的“第五纵队”包括戈尔巴乔夫、雅科夫列夫、谢瓦尔德纳泽、叶利钦等人与西方反苏势力里应外合搞垮苏联的党和国家是不争的事实，其过程触目惊心，很值得我们去研究。

三、苏联亡党亡国的重要启示

居安思危，以苏为鉴，总结30多年前苏共亡党、苏联解体的教训，必将激发中国共产党人更加深入而科学地思考，得出应有的启示，更好地驾驭我国民族复兴大业的航船劈波斩浪，一往无前。

（一）必须增强“四个意识”，坚决维护习近平同志党中央的核心、全党的核心地位，坚决维护党中央权威和集中统一领导，同时必须抓好后继有人这个根本大计

以苏为鉴，有助于我们更加深刻理解无产阶级政党领袖人物在历史上的关键作用。共产主义者同盟、第一国际、第二国际前期，有马克思、恩格斯这样的领袖人物的领导，国际共产主义事业就取得伟大成就；马克思、恩格斯逝世后，第二国际及其大部分党的领导人滑向修正主义，第二国际就走向了破产。俄国布尔什维克党有列宁、斯大林的领导，就取得十月革命胜利，创建社会

主义制度，开辟人类历史新纪元；自赫鲁晓夫时期起，特别是在戈尔巴乔夫领导下，苏共就加速蜕变，发生了苏共亡党、苏联解体的悲剧。党的领袖人物是政治上层建筑中最为核心的部分。党的领袖人物是不是坚定清醒的马克思主义者，在一定条件下对于科学社会主义事业常常具有决定性的作用。

另一方面也值得我们深思。马克思、恩格斯、列宁之所以致力于同国际共产主义运动中的机会主义分子如拉萨尔、蒲鲁东、巴枯宁、“苏黎世三人团”、伯恩施坦、考茨基、谢德曼之流进行斗争，都是为了保证无产阶级政党的最高权力掌握在坚持马克思列宁主义的领袖人物手中。这是党和人民事业取得胜利的关键所在。

以苏为鉴，有助于我们更加深刻地理解产生和维护坚持马克思列宁主义的政党领袖具有关键意义。中国共产党人在历史重大关头能够实现伟大转折、化险为夷，关键就是因为遵义会议确立了毛泽东同志在党中央和红军的领导地位，从此从胜利走向胜利。中国改革开放几十年的平稳运转就是因为邓小平同志坚持了四项基本原则，维护了毛泽东同志的历史地位和毛泽东思想的指导地位，保证了国家的安定团结。党的十八大以来，我们党之所以攻克了许多长期没有解决的难题，办成了许多事关长远的大事要事，开辟了中华民族伟大复兴的新时代，就是因为有了以习近平同志为核心的党中央坚强正确的领导。

我们党确立习近平同志党中央的核心、全党的核心地位，确立习近平新时代中国特色社会主义思想的指导地位，反映了全党全国各族人民的共同心愿，为党的二十大的胜利召开奠定了坚实的思想、理论、政治、组织以及舆论基础，对于推进中华民族伟大复兴历史进程和坚持发展中国特色社会主义宏伟事业具有决定性意义。要十分清醒地认识“两个确立”的重大现实意义与深远历史意义。我们党诞生了习近平同志这样的党的杰出领袖，形成了习近平新时代中国特色社会主义思想，很值得欣慰与庆幸。所以，深刻理解“两个确立”，坚定做到“两个维护”，不仅是国之大者，更首先是党之大者。建议适时在全党特别是党的中高级干部中进行马克思主义领袖、政党、阶级、群众关系的教育。在教育中，需要做到“六个讲清楚”：要讲清楚人民，只有人民，才是创造世界历史的真正动力；讲清楚每个时代都需要并会造就出自己的伟大人物；讲清楚个人在历史上的作用尤其是无产阶级领袖的重要作用；讲清楚人民群众对自己领袖的崇敬、爱戴是正当的，这与那些口蜜腹剑的阴谋家搞无原则的逢迎拍马、个人崇拜根本不同，要维护在革命斗争实践中产生的领袖的必要的权威，防止赫鲁晓夫、戈尔巴乔夫之类的阴谋家利用反对个人崇拜等口号败坏领袖威信或排斥领袖发挥作用的行为；讲清楚列宁所说的无产阶级政党“通常是由最有威信、最有影响、最有经验、被选出担任最重要职务而称为领袖的人们所组成的比较稳定的集团来主持的”[①] 与实行领导干部任期制之间的关系；讲清楚以美国为首的西方所实行的任期制本质是为了掩护、维护资本的永久统治，与我们实行任期制和老中青三结合相结合是为了人民的根本利益存在根

① 《列宁全集》第39卷，人民出版社2017年版，第21页。

本的区别。习近平同志是毛泽东、邓小平两个时代培养出来的无产阶级革命事业接班人与无产阶级“政治领袖和先进代表”，全党尤其是党的高级干部要坚定地做到“两个维护”。

中国共产党的百年奋斗史，新中国 70 多年的发展史，苏联亡党亡国的深刻教训，都提示和警示我们：我们党形成坚持并发展马克思列宁主义的领导核心来之不易，得到这样一个坚强领导核心需要历经艰难困苦，因此要倍加珍惜当前来之不易的局面，采取有力措施保证党的事业始终掌握在马克思列宁主义者手里，保证党的事业永不褪色、永不变质。这既是实现中华民族伟大复兴的需要，也是实现共产主义千秋伟业的需要。

为了保证党的事业长治久安、兴旺发达，就必须千秋万代确保党的最高权力牢牢掌握在马克思列宁主义者手里。应注意研究和总结一个时期以来，“特别是高级干部中极少数人政治野心膨胀、权欲熏心，搞阳奉阴违、结党营私、团团伙伙、拉帮结派、谋取权位等政治阴谋活动”[①]，“坚决防止野心家、阴谋家窃取党和国家权力”[②]。同时，必须抓好后继有人这个根本大计，必须源源不断地培养和选拔德才兼备、忠诚干净担当、具有守正创新能力、高素质的年轻同志作后备军。这是百年大计、千年大计，是中华民族伟大复兴事业继续取得成功的重要保证。

习近平多次强调要警惕“两面人”。在党的各级干部特别是高级干部中，尤其是在党的二十大人事安排的考核考察中，要高度警惕口头上高喊“两个维护”，实则内心是要搞资本主义、搞分裂、搞阴谋诡计的人混入党的最高层和各个要害部门。

（二）必须坚持党的自我革命，永葆党的生机活力，跳出政党、政权兴衰的历史周期率

戈尔巴乔夫领导集团由于政治上彻底变质，煽动历

① 《关于新形势下党内政治生活的若干准则》，人民出版社 2016 年版，第 3 页。

② 《关于新形势下党内政治生活的若干准则》，人民出版社 2016 年版，第 17 页。

史虚无主义思潮，全面丑化苏共历史和苏联历史，抹黑列宁和斯大林，完全脱离了人民群众，最后被广大人民群众抛弃。苏共失败的教训警示我们：共产党人带领无产阶级和人民群众夺取国家政权，并利用自己的政治统治建设社会主义，最终实现共产主义，这一初心和使命是不断增强党的生命力、革命性的源泉。忘记这一初心和使命，就是政治上对人民的背叛。

中国在改革开放的过程中也并非一帆风顺。有人企图借我们党纠正“文化大革命”错误之机，全面抹黑党的历史、新中国历史，贬损党的伟大领袖的光辉形象，甚至否定邓小平同志作出的关于毛泽东同志发动“文化大革命”的出发点“主要是从反修防修的要求出发的”[①]科学分析，有的人甚至不顾人民大众对伟大领袖的深厚感情和承受能力，企图以历史虚无主义的思潮全盘否定毛泽东，不断引发国内民情激愤不安；有人还通过回忆录、小说、视频节目等形式，编造各种虚假的故事，离

① 《邓小平文选》第2卷，人民出版社1994年版，第149页。

间领袖之间以及党和人民群众之间的血肉联系，以图掀起动乱，否定中国共产党的领导和颠覆中国社会主义制度。上述倾向直到党的十八大以后，才通过持续地批判历史虚无主义等错误思潮逐步得到了解决。只有注重及时化解多年以来反复出现的这一矛盾，才能维持社会的稳定发展，防止出现危及国家安全的政治风波，享有长期稳定发展的战略机遇。

保持党与人民群众的血肉联系，这是以毛泽东同志为主要代表的中国共产党人身体力行并留给后人的光荣传统。习近平总书记继承并发扬这一优良传统，将其创新性地发展为党的自我革命和坚持以人民为中心的思想。他不断强调新时代仍然要以“进京赶考”的精神接受人民的检验，交出让人民满意的答卷。触及灵魂的群众路线教育由此而生，刮骨疗毒、壮士断腕的反腐败精神由此而来，不忘初心、牢记使命的自我革命任务由此而定。这是毛泽东同志与黄炎培先生延安窑洞对话的继续，这是关心群众生活、注意工作方法传统的延续，这是把人民视为铜墙铁壁立场的再现，这是陷敌于汪洋大海的人民战争气魄的发展，这是张思德、焦裕禄精神品格的发扬。毛泽东同志多次谈到“美帝国主义是纸老虎”的观点。1964年1月，他在会见法国议会代表团谈话时又一次提道：“现在我们说有两个大纸老虎，就是美国和苏联。我说得灵不灵将来瞧……所谓纸老虎，就是说美国、苏联脱离了群众。”[①] 纸老虎的本质就是脱离群众，这是对纸老虎本质的一个全新概括。要防止一个政权因脱离群众变为纸老虎的情况。

在新时代，我们党又踏上了新的赶考之路。习近平总书记重新提出“跳出政党、政权兴衰的历史周期率”问题，他在庆祝中国共产党成立100周年大会上的讲话中提出的“发展全过程人民民主”，就是破解“跳出历史周期率问题”的新思路。毛泽东同志多次提到，只有真正发动人民起来管理国家事务，才能防止人亡政息。他强调：绝不能把人民的权利理解为国家由一部分人管理、人民在这些人的管理下享受劳动、教育、社会保险等权

① 《毛泽东文集》第8卷，人民出版社1999年版，第373页。

利；必须要讲“劳动者管理国家、管理军队、管理各种企业、管理文化教育的权利”[①]。实际上，这是社会主义制度下劳动者最大的权利，最根本的权利。1952 年“三反”“五反”时，我们党曾在资本主义企业中建立工人监督，权力完全掌握在工人的手中，厂方办事要看支部书记的“脸色”。后来又成立了增产节约委员会，由国家工作人员、职工群众、资本家三方面代表参加，实际上企业的管理权掌握在国家工作人员和工人手里。

在新时代，只有发扬这种主人翁精神，才能赢得人民的热心支持和广泛参与，才能充分调动最广大人民群众的积极性、主动性和创造性，才能有希望创造出令世界人民向往的人类文明新形态。

（三）必须切实抓好经济建设这一中心工作，巩固和壮大社会主义公有制经济，坚定不移推进人民共同富裕

苏共亡党、苏联解体结局的出现，实际上是政治上变质了的上层领导集团掠夺、瓦解和摧毁苏联公有制基

① 《毛泽东文集》第 8 卷，人民出版社 1999 年版，第 129 页。

础的结果。后来在俄罗斯，叶利钦等不遗余力地强行将私有化改革合法化。当人民发现上当后，为时已晚。

公有制是社会主义取代并超越资本主义的一个根本条件和标志。《共产党宣言》指出：对于共产党人来说，“在所有这些运动中，他们都强调所有制问题是运动的基本问题，不管这个问题的发展程度怎样。”①

莫说马克思、恩格斯、列宁、斯大林、毛泽东为代表的共产党人，连空想社会主义者圣西门、傅立叶、欧文也都明确承认理想社会的前提是实现公有制，甚至连中国资产阶级思想家康有为写的《大同书》也认为理想社会最高层次的“太平世”必须是以公有制为基础的社会。没有公有制就没有社会主义。尽管这些都是起码的常识，却有不少人对此或讳莫如深，或茫然无知。

中国根据自己的国情在改革中对已建立的社会主义公有制进行了调整，形成了以公有制为主体、多种所有制经济共同发展的基本经济制度。尽管面对依仗西方背

---

① 《马克思恩格斯选集》第1卷，人民出版社2012年版，第435页。

景的私有化浪潮的不断冲击，但我们始终没有动摇对公有制主体地位的坚定认识。习近平总书记指出：“我们要毫不动摇巩固和发展公有制经济，毫不动摇鼓励、支持、引导非公有制经济发展，推动各种所有制取长补短、相互促进、共同发展。同时，我们也要十分明确，我国基本经济制度是中国特色社会主义制度的重要支柱，也是社会主义市场经济体制的根基，公有制主体地位不能动摇，国有经济主导作用不能动摇。这是保证我国各族人民共享发展成果的制度性保证，也是巩固党的执政地位、坚持我国社会主义制度的重要保证。”① 我们要以苏为鉴，紧密团结在以习近平同志为核心的党中央周围，理直气壮地巩固和壮大公有制为主体的社会主义经济基础，保护好人民当家作主赖以存续的这份最为重要的家业。

习近平总书记指出：“由于种种原因，目前我国收入分配中还存在一些突出的问题，主要是收入差距拉大、劳动报酬在初次分配中的比重较低、居民收入在国民收

---

① 《十八大以来重要文献选编》(下)，中央文献出版社 2018 年版，第 5 页。

入分配中的比重偏低。”[①] 收入分配差距拉大是当前我国不容回避的亟待解决的问题。这些问题不仅仅是经济问题，更重要的是涉及共同富裕目标的实现和为人民谋幸福的初心使命问题，涉及人民大众对中国特色社会主义的信念和人心向背问题。只有解决了收入分配领域的突出问题，才能消除经济社会持续稳定发展的隐患，保障中国特色社会主义这艘大船乘风破浪，胜利前行。

这些问题从何而来？回顾几十年改革历程，可以看到，在调整经济基础的过程中，存在一些片面性和极端性的做法，成为日后问题难解的重要原因。

比如，在纠正“阶级斗争为纲”错误倾向的前提下，在相当长的一段时期内，不但“阶级”不提了，“斗争”也成了忌讳语，“阶级分析”也不提了，甚至连“社会主义国家存在资本主义复辟的危险”论断也被当作“左”的东西批判了。东欧剧变、苏联解体，9 个社会主义国家先后发生资本主义复辟，但 30 多年来，我国理论界对

① 《十八大以来重要文献选编》(下)，中央文献出版社 2018 年版，第 5 页。

此却鲜有评论，回避研究“现实社会主义国家确实存在着资本主义复辟的危险”这一重大政治命题。这一状况，在习近平总书记多次强调要勇于自我革命后才有所转变。

又如，在开始决定放开私有经济成分发展时，只讲“大胆”“换脑筋”，强调批评“姓社姓资”的质疑，却没有同时强调公有制的主体地位，没有注意事物量变与质变的规律，新政策与以往政策缺少衔接和说明，造成了现实中的一些难题，也造成社会主义意识形态方面的一些混乱。

再如，我国宪法中明确规定：“农村集体经济组织实行家庭承包经营为基础、统分结合的双层经营体制。”但在实行与推广时，仅片面强调和宣传“家庭承包经营”，不讲统分结合中的集体经营，排斥和压抑了不少坚持集体致富道路、取得辉煌成绩的典型。大量实践经验已经证明，只有后者才是社会主义现代化农村的出路。

又如，在强调和平发展和向以经济工作为中心的转变时，简单化地取消或解散了许多具有重大战略意义的高科技军工企业、飞机制造业、兵器生产企业，不但加剧了大批工人下岗待业的困难，也贻误了许多现代国防建设项目，台海局势紧张和海湾战争爆发后，才紧急纠正了这种做法。

这些都是缺少实事求是的辩证法、思想方法片面性导致的问题，没有注意一种倾向往往掩盖着另一种倾向，其副作用不容忽视。阐明这些问题产生的原因，总结这方面的规律，解决这些方面的问题，就会进一步增强党联系群众的力度，真正实现科学发展。

共产党人的改革和奋斗都是始终为了绝大多数人民群众的根本利益，这是科学社会主义的要义。如果经济基础的调整和变革把人引导到为了自己或为了少数人，那就应该拨乱反正。只有切实确立共同富裕的目标，才能够纠正个人主义、两极分化等错误，始终走在为人民谋幸福的正确轨道上。

（四）必须坚持抓好党的意识形态工作，持续开展对各种错误观点和错误思潮的批判

苏联由于没有处理好阶级和阶级斗争等意识形态问题，最后背离和背叛马列主义。马克思说过，阶级的存在只是和生产力发展的一定历史阶段相联系。这是一个客观规律。在世界上还存在着资本主义制度的情况下，社会主义同资本主义这两种不同的意识形态和两种不同的社会制度之间的斗争必然长期存在；在一些社会主义国家消灭了剥削阶级之后，阶级斗争也仍然会在一定范围内长期存在，在某种条件下还可能激化。我们的党章和宪法中都依然标明着这些十分重要的观点与结论。看不到这一点，不承认这一点，就不是历史唯物主义者。当时，苏联只注意到社会主义在经济基础、国家政权领域取得胜利的情况，没有注意到意识形态领域的斗争还远没有结束，苏联社会还远没有消除阶级和阶级斗争，就急于宣布“阶级斗争消失了”“资本主义在苏联复辟的危险已经没有了”[①]。最后，戈尔巴乔夫竟提出超阶级的“全人类的利益高于一切”，用所谓“人道的、民主的社会主义”取代了共产主义理想信念。这样，资本主义

① 《苏联共产党第二十一次代表大会主要文件》，人民出版社 1959 年版，第 141 页。

复辟的悲剧就必然找上门来。社会发展的现实无情地嘲笑了“资本主义在苏联复辟的危险已经没有了”的荒谬说法。

与苏联不同，我国从改革开放伊始，就对阶级斗争形势作出客观清醒的判断。自党的十二大开始，党章一直载明：“由于国内的因素和国际的影响，阶级斗争还在一定范围内长期存在，在某种条件下还有可能激化，但已经不是主要矛盾。”尽管阶级斗争不是社会主要矛盾，但“在社会主义现代化建设的整个过程中，必须坚持四项基本原则，反对资产阶级自由化”，坚决批判资产阶级自由化思潮。①

马克思、恩格斯、列宁和毛泽东、邓小平对在资本主义向共产主义过渡这一相当长时期的历史阶段始终存在阶级和阶级斗争都作出过大量论述。江泽民曾经指出：“我们纠正过去一度发生的‘以阶级斗争为纲’的错误是

① 《中国共产党章程 关于新形势下党内政治生活的若干准则 中国共产党廉洁自律准则 中国共产党纪律处分条例 中国共产党问责条例 中国共产党党内监督条例》，人民出版社 2016 年版，第 5、7—8 页。

完全正确的。但是这不等于阶级斗争已不存在了，只要阶级斗争还在一定范围内存在，我们就不能丢弃马克思主义的阶级和阶级分析的观点与方法。这种观点与方法始终是我们观察社会主义与各种敌对势力斗争的复杂政治现象的一把钥匙。”[①]2014 年 2 月 17 日，习近平总书记明确指出：“马克思主义政治立场，首先就是阶级立场，进行阶级分析。”有人说这已经落后于时代了，这种观点是不对的。我们说阶级斗争已经不再是我国社会主要矛盾，并不是说阶级斗争在一定范围内不存在了，在国际大范围中也不存在了。改革开放以来，我们在这个问题上的认识一直是明确的。我们不仅在经济上要坚持“稳字当头、稳中求进”，在政治上同样要坚持“稳字当头、稳中求进”。

需要警惕的是，一段时期以来，国内外敌对势力抓住我们党纠正“以阶级斗争为纲”错误的时机，将“文

① 《江泽民论有中国特色社会主义（专题摘编）》，中央文献出版社 2002 年版，第 34 页。

化大革命”的错误泛化、扩大化，到处乱贴“文化大革命”的标签，制造混乱。有人把新中国历史上的许多重大事情几乎都说成“文革”的内容，甚至把党的整个历史污蔑为“左祸”的历史，造谣新中国“没干多少好事情”，还把延安时期、井冈山时期也列为“极左”时期的范围，挖掘其中的“阴暗面”。围绕对毛泽东同志的评价问题传播一些低级庸俗的谣言、“小道消息”，企图损害毛泽东同志的声誉。历史虚无主义这些拙劣表演常常激起广大人民群众的义愤，社会各种媒体上自发出现的一阵又一阵的“毛泽东热”表达了广大人民群众的良知和正义感。对于针对毛泽东同志的肆意丑化、攻击，我们必须理直气壮地并及时地进行反击和批驳，为更好地学习和贯彻党的二十大精神创造健康良好的舆论环境和社会环境。

2013 年 8 月 19 日，习近平总书记在全国宣传思想工作会议上强调意识形态工作具有极端重要性，批评某些领导干部在意识形态斗争面前“爱惜羽毛”“故作开明”，号召党员和干部要敢于亮剑，敢于斗争。党的十八大以来，意识形态领域以往长期被动的局面得到根本扭转，主旋律得到弘扬，向上向好的正能量开始成为主流。

意识形态斗争取得的成效振奋了思想理论界，艰巨的任务也激励着思想理论界的斗志。目前，意识形态领域的斗争依然复杂激烈，社会科学领域的研究导向、高校办学方向、学校教材导向和科学研究导向，都还存在不可低估的问题。境内外敌对势力利用种种媒体，运用各种手段，刻意散布各种错误思想，并精心组织、支持围攻坚持马克思主义的学者。在有的高校和研究机构，由于党的领导软弱，爱惜自己的“羽毛”，放任一些坚持非马克思主义观点的人长期把持“学术委员会”“学位委员会”、各种评奖评审机构等学术权威部门，许多研究人员望而生畏，怕遭到这些所谓“权威”人物的打压，甚至一些马克思主义学院的研究生都不敢选择苏联解体一类的政治问题作为自己的研究方向，从而使这些研究领域后继乏人。一些鼓吹历史虚无主义思潮的相关领头人物没有作起码的自我批评。早在 20 世纪 90 年代党中央就指出的“一些舆论阵地已经不在党和人民手里”[①]的情况还没有得到彻底解决。对西方敌对势力的意识形态渗透应对不力的情况也有待全面的总结。西方敌对势力的渗透无孔不入，红色文化传统赓续长期被压抑或被抛弃，使得青少年被西方文化所浸润和熏染，这已经引起社会各界的不满。

党的十八大以来，在习近平新时代中国特色社会主义思想的指导下，我们党找到了意识形态领域长期存在问题的根子，采取了有力、得力的措施。党的十八届六中全会制定的《关于新形势下党内政治生活的若干准则》从坚定社会主义和共产主义理想信念的角度明确指出，“在改造客观世界的同时不断改造主观世界，解决好世界观、人生观、价值观这个‘总开关’问题”[②]。这就解决了几十年来回避和排除“在改造客观世界的同时改造主观世界”的任务的问题，恢复了党的意识形态工作的

① 《江泽民文选》第1卷，人民出版社2006年版，第61页。

② 《关于新形势下党内政治生活的若干准则》，人民出版社2016年版，第6页。

正确方向和原则。近几十年的社会思潮和意识形态领域的斗争，充分证明了那种认为“既然知识分子是工人阶级一部分”，再提“世界观改造”就是对知识分子的“偏见和厌恶”，就是“总觉得他们不行，不是自己人”[①]的说法，是不利于党的思想建设和知识分子发挥积极作用的。正是由于知识分子成为工人阶级的一部分、正是因为是“自己人”，就更不能放弃马克思主义世界观的学习，更不能抛弃在改造客观世界的同时改造自己主观世界的任务。党的知识分子政策是关心、鼓励、支持广大知识分子在建设社会主义现代化的事业中更好地发挥自己的专长和作用，党和政府应该切实帮助他们解决实际工作和生活中的困难，鼓励他们作出更大的成就，为此多干一些实事；而不是追求用一些空洞的好话显示自己的“开明”和赢取他们的掌声。片面地批评党的“团结、教育、改造”知识分子的政策，又不能同时提出更符合现实的口号，客观上造成了极为消极的后果，实际上等于在许

① 《知识分子问题文献选编》，人民出版社1983年版，第49页。

多方面向资产阶级意识形态让出阵地，产生了许多积重难返的问题。

取消对党员、干部和知识分子世界观的改造口号，是对党的方针政策的严重歪曲。1957 年 3 月 12 日，毛泽东同志在中国共产党全国宣传工作会议上的讲话中指出："知识分子也要改造，不仅那些基本立场还没有转过来的人要改造，而且所有的人都应该学习，都应该改造。我说所有的人，我们这些人也在内。"[①] 为什么大家都需要改造世界观呢？毛泽东的回答是："世界观的转变是一个根本的转变，现在多数知识分子还不能说已经完成了这个转变。"[②] "就多数人来说，用无产阶级世界观完全代替资产阶级世界观，那就还相差很远。"[③] 最近几十年的社会实际和意识形态斗争情况充分证明，毛泽东的这个判断高屋建瓴、完全正确。关键是要通过学习马克思主义的活动把这些实际存在的模糊问题弄明白。

---

① 《建国以来重要文献选编》第 10 册，中央文献出版社 1994 年版，第 114 页。

② 《毛泽东文集》第 7 卷，人民出版社 1999 年版，第 225 页。

③ 《毛泽东文集》第 7 卷，人民出版社 1999 年版，第 271 页。

苏联亡党亡国的深刻教训告诉我们，社会主义国家必须时刻警惕并抵制西方资产阶级意识形态渗透战略，筑牢抵御西方腐朽思想文化渗透的防线，打赢这场“没有硝烟的战争”。

（五）必须始终坚持全心全意为人民服务的根本宗旨和党的优良作风，把人民当家作主这一根本要求落到实处

2012 年 12 月，习近平总书记在河北省阜平县考察扶贫开发工作时的讲话明确指出：“我们讲宗旨，讲了很多话，但说到底还是为人民服务这句话。我们党就是为人民服务的。”[①] 在马克思主义经典作家那里，有过“为大多数人谋利益”“为群众服务”等提法，但把“全心全意为人民服务”作为无产阶级政党的根本宗旨，是毛泽东的一大贡献。全心全意为人民服务的宗旨，建立在历史唯物主义基本原理的基础上，相信人民群众是历史的创造者，相信人民群众的力量、智慧和他们的未来。只有

① 《坚定不移反对腐败的思想指南和行动纲领》，人民出版社 2018 年版，第 230 页。

这样，才能真正做到把自己的人生价值同实现人民群众的利益紧密地结合在一起；也只有这样，才能正确处理个人同群众的关系，紧紧依靠群众，发挥群众的历史主动精神。确保党的性质、宗旨、指导思想与最高纲领的革命性、先进性和纯洁性，确保党和政权永不变质，这是我们党长期执政的根本法宝。中国共产党是为民族、为人民谋利益的政党，其本身就是人民的一部分，除了人民的利益之外，绝无其他任何私利。从根本上说，我们党绝不是靠也绝不能仅靠技巧执政，根本是靠为着人民、相信人民、依靠人民这一本色执政。这就必须坚持以人民为中心的发展思想，这是习近平总书记在新时代对毛泽东关于全心全意为人民服务思想的坚持和发展。这是中国共产党人的灵魂、生命和力量所在、所系。这不仅占领了价值道德高地，而且也是党的力量、生命之源，代表着人类社会的必然归宿。如此就能无往不胜，无难不克，无坚不摧。

要始终坚持全心全意为人民服务的宗旨和以人民为中心的发展思想，就必须始终牢记毛泽东关于“务必使同志们继续地保持谦虚、谨慎、不骄、不躁的作风，务必使同志们继续地保持艰苦奋斗的作风”的殷殷教导。“两个务必”是真正的共产党和共产党人内在与外在有机统一的鲜明标志。从一定意义上讲，普通百姓看你是不是真正的共产党和共产党人，就是看你能否在任何时候任何情况下始终保持“两个务必”的作风。如果你能坚定不移、坚持不懈地始终保持“两个务必”作风，老百姓就会最终认定你是真共产党和真共产党人，就会赴汤蹈火跟你走，披荆斩棘共奋斗。否则，老百姓就可能三心二意地干，甚至消极怠工不出力。从长远和根本上说，人民群众最终还会毫不留情地抛弃这样的党。苏共这个有着 93 年历史、执政 74 年的大党最终消亡的教训，讲的就是这个道理。正因为如此，党的十八大后，我们党所进行的反腐斗争具有十分重大的意义，并得到了最广大人民群众的坚定拥护和热烈支持。

（六）必须始终坚持党对军队的绝对领导，坚决批判所谓“军队国家化”“军队非党化”等错误思潮

苏联军队在西方敌对势力“和平演变”的作用下，

长期受到历史虚无主义、“军队国家化”、“军队非党化”等思潮的影响，在苏联危难之时，苏军脱离了苏共的指挥，成为颠覆者的工具，教训十分深刻。

一段时期以来，我国不断有人鼓吹“军队非党化”“军队国家化”等错误思潮，特别是有人推出“中国需要新的改变”“零八宪章”等带有纲领性的主张，随着时间的推移，人们才逐渐明白这些口号的实质。他们打着“军队国家化”的名义，就是让我们党放弃对人民军队的绝对领导，效仿当年的苏共把党的组织从军队中完全撤出去。

没有一支人民的军队就没有人民的一切。社会主义国家的人民军队是保卫国家安全、保证社会安定的坚强柱石。党的十八大以来，我们党坚决抵制“军队非党化、非政治化”和“军队国家化”等错误政治观点，强调党对军队的绝对领导。在古田会议会址召开的新时代全军政治工作会议，提炼了新时代党的强军思想，使人民军队牢牢掌握在党和人民手里。习近平新时代中国特色社会主义思想明确规定了新时代的强军目标是建设一支听党指挥、能打胜仗、作风优良的人民军队，把人民军队建设成世界一流军队。

（七）必须坚决反对一切形式的霸权主义、强权政治、单边主义、保护主义，坚持独立自主大国和平外交，推动构建人类命运共同体

苏联是世界上第一个社会主义国家。在列宁和斯大林领导时期，苏联在对外关系上基本秉持无产阶级国际主义原则，支援了世界上许多国家包括中国的革命和民族解放事业。这些历史功绩至今还引起各国人民包括中国人民的敬仰和怀念。

第二次世界大战后，世界上出现了十多个社会主义国家，从这个时期开始，苏联逐步表现出大党主义、大国主义，甚至霸权主义等错误倾向。针对苏联赫鲁晓夫等人的大国沙文主义行为，以毛泽东同志为主要代表的中国共产党人高举反对霸权主义、反对大国沙文主义的旗帜，挫败了苏联推行大党主义、苏美合作主宰世界等孤立中国的战略企图，推动并维护了世界各国独立自主、平等交往的地位和国际关系的民主化。改革开放后，邓小平同志倡导社会主义国家和各国共产党之间的正常关系准则，即独立自主、完全平等、互相尊重、互不干涉内部事务的党际关系四项原则，还制定了“超越意识形态的分歧，争取更大范围合作”的政策。

新时代以习近平同志为核心的党中央倡导中国特色大国外交，推动构建新型国际关系、推动构建人类命运共同体，展示了负责任大国的国际形象，赢得国际社会的尊重和广泛赞誉。

毛泽东同志鉴于美苏争霸给世界带来的危害，一再强调中国共产党和中国人民永远不称霸，即使成为富强的现代化大国也不称霸。在新时代，习近平总书记继往开来，更加信心百倍地团结带领中国人民创造人类文明新形态，推动构建人类命运共同体，让世界人民共享中国发展的机遇。

（八）必须坚持党的组织路线及党的教育方针，努力培养和锻造担当民族复兴大任的社会主义事业建设者和接班人

苏联赫鲁晓夫领导集团由于确定了“非斯大林化”

的政治方向，否定苏共的历史，否定斯大林的丰功伟绩，也就否定了党的正确的组织路线和正确的教育方针。赫鲁晓夫淡化政治，取消学校思想政治理论课，走了一条“非斯大林化”的培养教育青年一代的历史虚无主义路线。在这样的教育环境中，被称作苏共“二十大产儿”的一代人中就出现了戈尔巴乔夫、叶利钦这种人。与此相反，毛泽东针对帝国主义“和平演变”战略，提出中国要培养无产阶级革命事业接班人，并规定了五项条件，指明了培养接班人的方向。此后，培养社会主义建设者和接班人这一党的教育方针一直没有动摇过。

党的教育方针服务于党和国家的人才战略，与党的组织路线有着密不可分的联系。培养社会主义建设者和接班人必须从青少年抓起，只有这样才能做到牢固基础。当前我国理想信念教育从中小学开始并延续到高校、各类成人教育，广大中小学生、大学生、研究生都要接受思想政治教育，这是完全正确的、必要的。

在勃列日涅夫执政期间，苏共党内和社会上出现“两面人”“夜间人”等消极现象。这一现象实际上是对上层领导集团任人唯亲、拉帮结伙、裙带关系、投靠关系等现象不满和无奈的消极反抗。上层的理论与实践是两层皮，下面的群众也不可能做到理论与实践相统一。所以，干部队伍的提拔、重用，是不是搞五湖四海，是不是避免小圈子和山头主义，是不是体现公正公开，从基层群众的精神状态就能看得出来。群众的表现是上层领导集体状态的一面镜子。

从苏共的教训看，为了保证社会主义江山不变色，选拔党的干部特别是选拔高级领导干部，必须突出五条政治标准：（1）政治忠诚标准：忠诚于马克思主义、忠诚于党、忠诚于人民，不断增强“四个意识”，自觉做到“两个维护”。（2）政治定力标准：坚定正确的理想信念和“四个自信”，有良好的政治鉴别力和决断力，经得起关键时刻、重大关头的严峻考验。（3）政治品质标准：敢于担当，敢于斗争；坚守立场，坚持原则；坚持团结，坚持光明正大。（4）政治能力标准：具有深厚的马克思主义理论功底，善于从政治上观察问题，拥有较高的政治执行力。（5）政治自律标准：严格遵守党的政治纪律和政治规矩，正派为人，干净处事。

一定级别新任干部的提拔，特别是高级干部的提拔，必须设立面向相关部门和相关系统基层群众的公示期，同时本人要向党的组织部门汇报和解释群众提出的政治表现问题。为了保证选拔高级干部的科学性、公正性，应该在工作过程中介入中央巡视组的调研工作环节，广泛听取相关基层群众对选拔对象的政治表现意见等。同时，对于那些蓄意诬告、打击陷害提拔对象的，视不同情节给予批评和惩处。

（九）必须坚持和发展马克思主义，深入持久地开展党的理论学习教育活动，不断开辟马克思主义中国化新境界

毛泽东在 1959 年至 1960 年年初读苏联《政治经济学教科书》时说："马克思这些老祖宗的书，必须读，他们的基本原理必须遵守，这是第一。"①2017 年 9 月 29 日，习近平总书记在中共中央政治局集体学习时指出：

① 《毛泽东文集》第 8 卷，人民出版社 1999 年版，第 109 页。

"时代在变化，社会在发展，但马克思主义基本原理依然是科学真理"，"背离或放弃马克思主义，我们党就会失去灵魂、迷失方向。在坚持以马克思主义为指导这一根本问题上，我们必须坚定不移，任何时候任何情况下都不能动摇。"[①]

理论是政治和经济的最高抽象和凝结，是可以向360度任何方向辐射的原点。若理论这一原点错了，其他路线、方针、政策与战略、战术都是射线，最终都会、都要出大问题。没有革命的理论，便没有革命的运动；有了错误的理论，必然会有错误的行动。所以，我们的一切工作都必须始终坚持以马克思主义为指导，尤其是在意识形态领域。

在毫不动摇地坚持马克思主义的同时，必须高度重视对马克思主义的发展与创新。早在1958年5月，毛泽东就在中共八大二次会议上说："马、列是指导，不是教条，教条论是最无出息的，最可丑的。""要产生自己的

① 《习近平谈治国理政》第2卷，外文出版社2017年版，第66页。

理论。”[①] 毛泽东在 1959 年至 1960 年年初读苏联《政治经济学教科书》时又说：“任何国家的共产党，任何国家的思想界，都要创造新的理论，写出新的著作，产生自己的理论家，来为当前的政治服务，单靠老祖宗是不行的。”[②]2016 年 5 月 17 日，习近平总书记在全国哲学社会科学座谈会上强调：“马克思主义具有与时俱进的理论品质”，“马克思主义是随着时代、实践、科学发展而不断发展的开放的理论体系，它并没有结束真理，而是开辟了通向真理的道路”，“把坚持马克思主义和发展马克思主义统一起来，结合新的实践不断作出新的理论创造，这是马克思主义永葆生机活力的奥妙所在”。[③]

毛泽东、邓小平、习近平都强调把马克思主义普遍真理与中国具体实际和时代特征相结合。这一结合的过

---

① 《毛泽东年谱（1949—1976）》第 3 卷，中央文献出版社 2013 年版，第 357 页。

② 《毛泽东文集》第 8 卷，人民出版社 1999 年版，第 109 页。

③ 习近平：《在哲学社会科学工作座谈会上的讲话》，《人民日报》2016 年 5 月 19 日。

程，就是对马克思主义坚持和发展的过程，同时也是全党特别是党的中高级干部改造世界观的过程。只有真正地掌握了马克思主义，并把马克思主义与具体实践、中华优秀传统文化和时代特征相结合，才能真正认识和改造客观世界，在尊重客观规律的前提下，充分发挥主观能动性，不断推动社会前进。

第二次世界大战以后苏联党和国家的几届领导集团，无论是否接受了系统的学历教育，他们的马克思主义理论素养普遍较低，这既体现在不能准确系统地理解马克思主义精髓要义，更体现在不能灵活运用马克思主义创造性地解决实际问题，把社会主义事业不断推向前进。想要系统掌握马克思主义，不下真功夫，一辈子也做不到。要在全国产生几百个水平较高的、系统掌握马克思主义的理论家，需要有全党全国范围的学习马克思主义理论的群众基础。这是不断提高全党理论水平、党的最高理论水平的一个必要条件。

对干部如何学习马克思主义要有明确规定。应当根据干部文化水平和实际工作需要，根据新时代的目标任务，确定干部学习马克思主义理论的主要内容。习近平总书记在纪念马克思诞辰 200 周年大会上的讲话，为我们学习和实践马克思主义明确了九个方面的重点内容：（1）马克思主义关于人类社会发展规律的思想；（2）马克思主义关于坚守人民立场的思想；（3）马克思主义关于生产力和生产关系的思想；（4）马克思主义关于人民民主的思想；（5）马克思主义关于文化建设的思想；（6）马克思主义关于社会建设的思想；（7）马克思主义关于人与自然关系的思想；（8）马克思主义关于世界历史的思想；（9）马克思主义关于马克思主义政党建设的思想。[①]

马克思主义理论学习需要制度化。制度一经确定，就必须长期坚持。马克思主义理论学习制度由党中央组织部、宣传部统一安排。干部学习必须集中安排时间，提出具体要求，划定学习范围，提出各阶段要解决的重点问题，同时提供相关的学习参考书和参考材料。必须

① 参见习近平：《在纪念马克思诞辰 200 周年大会上的讲话》，《求是》2018 年第 10 期。

把读原著与原著学习辅导结合起来，把阶段性专题学习与对理论的整体性系统性学习结合起来，把学习马克思主义与学习“四史”结合起来，把学习马克思主义与其他必要的进修活动结合起来。

马克思主义理论及学习情况要列入公务员考试、干部考核、职务晋升等内容。要在实际工作中树立马克思列宁主义、毛泽东思想、邓小平理论、“三个代表”重要思想、科学发展观和习近平新时代中国特色社会主义思想的指导性、权威性。要严格学习形式，反对形式主义，防止走过场。没有一定的形式作为保证，就不可能保证学习的质量。

（十）必须牢固树立正确的时代观与时代主题观，居安思危，坚定信心，时刻进行具有许多新的历史特点的伟大斗争，为创造和发展人类文明新形态作贡献

2017 年 9 月 29 日，习近平总书记在中共中央政治局集体学习时强调指出：“我们依然处在马克思主义所指明的历史时代。这是我们对马克思主义保持坚定信心、对社会主义保持必胜信念的科学根据。”[①]这一重大判断十分重要，完全正确。另外，毛泽东、邓小平、江泽民、胡锦涛、习近平在肯定我们依然处在马克思主义所指明的历史时代的同时，都直接或间接地肯定我们依然处于帝国主义时代。我们党还审慎处理同一个大时代中不同时代主题的变化。邓小平看到时代主题从战争与革命向和平与发展的转换，及时作出改革开放这一重大抉择，在中国共产党的领导下中国人民取得举世瞩目的重大成就。但是，帝国主义还存在，帝国主义本质没有改变，只是表现形式和表现方式有了较大的变化。1969 年 3 月，毛泽东在召集有关人员的碰头会上明确指出，“列宁是帝国主义时代的马克思主义。现在还是帝国主义时代”[②]。陈云同志在 1989 年十分明确地指出：“列宁论帝国主义的五大特点和侵略别国、互相争霸的本质，是不是过时了？我看，没有过时”，“那种认为列宁的帝国主义论已

---

① 《习近平谈治国理政》第 2 卷，外文出版社 2017 年版，第 66 页。

② 《毛泽东年谱（1949—1976）》第 6 卷，中央文献出版社 2013 年版，第 233 页。

经过时的观点，是完全错误的，非常有害的。这个问题，到了大呼特呼的时候了”。[①]

离开列宁对时代的判断，就无法正确判断当今我们党和国家所处的历史方位，就无法正确看待和应对当今以那个超级大国为首的帝国主义的种种卑劣行径。自从资本主义从自由资本主义发展到垄断的金融帝国主义之后，人类历史经历了两次世界大战。2008 年全球爆发的金融危机、2020 年全球发生的新冠肺炎疫情和 2022 年爆发的俄乌冲突，实质上亦可以说极可能是正在进行的另一种形式的第三次世界大战。在经济全球化和国际金融危机深入发展的今天，只要认真读一读列宁的《帝国主义是资本主义的最高阶段》（简称《帝国主义论》）这一著作，任何有良知的人都会得出这样的结论：这部字数不多的著作，与马克思、恩格斯的《共产党宣言》一样，其理论、历史与形式逻辑有着高度的内在统一，在人类文明史和重重迷雾之中是一座越发闪烁着巨大真理光芒、

① 《陈云文选》第 3 卷，人民出版社 1995 年版，第 370 页。

照耀人们不断顽强前行的具有里程碑意义的理论灯塔。很可惜，这些年来，读列宁的《帝国主义论》的人不多了。也有一些人，忙着去搞所谓的“金融创新”，而对垄断资本控制的金融的本质不甚了解，甚至把金融创新当成谋取私利的工具。习近平总书记明确指出：“我们依然处在马克思主义所指明的历史时代。”这也就是说，当前我们既处在马克思主义所指明的由资本主义向社会主义过渡的这个大的历史时代，同时也处于列宁所说的帝国主义这个小的历史时期，还处于帝国主义由垄断的、寄生即腐朽的资本主义开始向垂死的资本主义过渡这个更小的历史阶段。这一阶段，可能需要几十年甚至上百年时间。1953 年 9 月，毛泽东说：“美帝国主义者很傲慢，凡是可以不讲理的地方就一定不讲理，要是讲一点理的话，那是被逼得不得已了。”[①] 一方面，我们必须看到国际金融垄断资本主义比商业和工业资本主义有更多的伪善

① 《毛泽东军事文集》第 6 卷，军事科学出版社、中央文献出版社 1993 年版，第 354 页。

性和欺骗性，但由于其从垄断、寄生即腐朽阶段开始步入垂死阶段的下降通道，它们脸上伪善和欺骗性的油彩便开始更多地剥落，其疯狂、残酷的一面便开始更多地显现，所以我们必须要充分预计前进征程中可能遇到的种种困难，即道路是曲折的；另一方面，我们亦必须看到金融帝国主义气势汹汹、外强中干、色厉内荏的另一面，我们必须坚定胜利的信心，即前途是光明的。我们始终坚持不懈竭诚努力与世界各国其中包括美国、俄罗斯和世界各国人民一道恪守《联合国宪章》，在坚持和平共处五项原则基础上推动和平、发展、合作、共享。但对于时刻想把我们置于死地的敌人，我们首先必须要做到的就是不怕鬼、不信邪和舍生取义，是勇于和敢于斗争，而不是以妥协退让的态度求得怜悯甚至施舍。“威武不能屈”与“和为贵”等同样都是中华民族十分优秀的文化传统之重要组成。对待帝国主义即霸权主义、单边主义和强权政治，我们当然要善于斗争，但敢于斗争是第一位的。我们党百年来的光辉实践充分证明，敢于斗争、敢于胜利，帝国主义和一切反动派就是纸老虎。妥协退让、胆小如鼠，帝国主义和一切反动派就是真老虎。只有敢于斗争，把帝国主义真正打疼了，它才可能讲一点世上绝大多数人公认的常理和公理。否则，它会蛮不讲绝大多数人公认的常理公理。它们的理与我们的理，在多数情况下往往是相对立的，是没有利益交汇和共享之处的。因为从长远讲，帝国主义是为极少数人的利益服务的，其与社会主义是为绝大多数人的根本利益服务的宗旨是完全相悖的，因而必然是纸老虎。只有站在马克思主义指明的时代高度，认清时代特点、世界潮流、历史规律，才能信心百倍地为建设社会主义和实现共产主义的理想而奋斗。随着经济全球化的深入发展，随着国际金融危机的深化，随着 2020 年新冠肺炎疫情在全球的发生与蔓延，随着全球范围内贫富两极分化的加剧，以美国为主导的资本主义世界的痼疾将暴露得愈加充分。全球各国左翼思潮和马克思主义政党，世界社会主义理论、运动、制度必将在未来二三十年内进入一个极大的活跃期。我们对世界社会主义光明前途坚信不疑、坚定不移。由于苏共垮台、苏联解体而出现的一切怀疑马克思主义、否定列宁主义和十月革命道路、否定人类历史发展规律的思潮和言论都是错误的和有害的，也是眼光短浅的。

但是，不可盲目乐观看待斗争的形势。由于帝国主义对社会主义国家长期实施“和平演变”战略，还会使一些不坚定者其中包括社会主义国家领导机构人员变质、叛变；帝国主义收买和豢养的“第五纵队”还在伺机破坏、捣乱；社会主义国家意识形态领域受资本主义腐朽思想意识影响的势力还不可低估；帝国主义在政治、经济、文化交往中设置的陷阱和阴谋依然存在；帝国主义战争的威胁依然存在；帝国主义利用其在高科技领域所占有的优势以及在金融等领域制造大规模社会混乱直至危机的活动不会停息，绝不能排除它们会用最为肮脏的手段达到最为卑鄙的目的。

面对当今世界百年未有之大变局，我们必须居安思危，对斗争的长期性、复杂性、尖锐性有足够的准备，需要从最坏处着想，做好准备；同时，我们以做好自己的事为主，开展有理、有利、有节的斗争，为争取最好的结局而努力。帝国主义可以通过破坏和演变，为一些社会主义国家选择垮台的方式，但是它自己垮台的方式却是不可选择的，它必然崩溃和灭亡的结局是历史的必然。

20 世纪 70 年代初，曾经认为西方文明能够成为全球统一文明的著名英国历史学家阿诺德·汤因比，实现了思想大转变，他推翻了自己早年在《历史研究》中的结论，认为美国代表的以武力征服为主要手段的西方文明，不可能为世界人民普遍接受。他创造性地提出：世界文明的主轴，就是发挥先锋模范作用，只有中国有这种能力、本领和无与伦比的成果经验；只有以和平交往为特点的中华文明才能成为世界各国人民欢迎的文明；未来受全世界欢迎的中华文明就是“共产主义的中国化”。[①]

对于爱好和平的世界各国人民来说，新中国历来都是受欢迎的，今天更是如此。正如习近平总书记 2014 年

---

① ［日］池田大作、［英］阿·汤因比：《展望 21 世纪——汤因比与池田大作对话录》，荀春生等译，国际文化出版公司 1997 年版，第 281—285 页。

3月27日在中法建交50周年纪念大会上所说："实现中国梦给世界带来的是机遇不是威胁，是和平不是动荡，是进步不是倒退。拿破仑说过，中国是一头沉睡的狮子，当这头睡狮醒来时，世界都会为之发抖。中国这头狮子已经醒了，但这是一只和平的、可亲的、文明的狮子。"[①]世界人民对习近平总书记描绘的中国这一大国形象高度认同，构建人类命运共同体和发展人类文明新形态有着无比光明灿烂的未来！

---

① 习近平：《出席第三届核安全峰会并访问欧洲四国和联合国教科文组织总部、欧盟总部时的演讲》，人民出版社2014年版，第25页。

居安思危·世界社会主义小丛书
（已出书目）

序号	作者	书　名	审稿人
		第一辑	
1	李慎明	忧患百姓忧患党 ——毛泽东关于党不变质思想探寻	侯惠勤
2	陈之骅	俄国十月社会主义革命	王正泉
3	毛相麟	古巴：本土的可行的社会主义	徐世澄
4	徐世澄	当代拉丁美洲的社会主义思潮与实践	毛相麟
5	姜　辉 于海青	西方世界中的社会主义思潮	徐崇温
6	何秉孟 李　千	新自由主义评析	王立强
7	周新城	民主社会主义评析	陈之骅
8	梁　柱	历史虚无主义评析	张树华
9	汪亭友	“普世价值”评析	周新城
10	王正泉	戈尔巴乔夫与“人道的民主的社会主义”	陈之骅

序号	作者	书　名	审稿人
		第二辑	
11	王伟光	马克思主义与社会主义的历史命运	侯惠勤
12	李慎明	居安思危：苏共亡党的历史教训	课题组
13	李　捷	毛泽东对新中国的历史贡献	陈之骅
14	靳辉明 李瑞琴	《共产党宣言》与世界社会主义	陈之骅
15	李崇富	毛泽东与马克思主义中国化	樊建新
16	罗文东	中国特色社会主义理论与实践	姜　辉
17	吴恩远	苏联历史几个争论焦点真相	张树华
18	张树华 单　超	俄罗斯的私有化	周新城
19	谷源洋	越南社会主义定向革新	张加祥
20	朱继东	查韦斯的“21世纪社会主义”	徐世澄
21	卫建林	全球化与共产党	姜　辉
22	徐崇温	怎样认识民主社会主义	陈之骅
		第三辑	
23	王伟光	谈谈民主、国家、阶级和专政	姜　辉
24	刘国光	中国经济体制改革的方向问题	樊建新
25	有林等	抽象的人性论剖析	李崇富
26	侯惠勤	中国道路和中国模式	李崇富

序号	作者	书　名	审稿人
27	周新城	社会主义在探索中不断前进	陈之骅
28	顾玉兰	列宁帝国主义论及其当代价值	姜　辉
29	刘淑春	俄罗斯联邦共产党二十年	陈之骅
30	柴尚金	老挝：在革新中腾飞	陈定辉
31	迟方旭	建国后毛泽东对中国法治建设的创造性贡献	樊建新
32	李艳艳	西方文明东进战略与中国应对	于　沛

第四辑

序号	作者	书　名	审稿人
33	王伟光	纵论意识形态问题	姜　辉
34	朱佳木	中国特色社会主义纵横谈	朱峻峰
35	姜　辉	21世纪世界社会主义的新特点	陈之骅
36	樊建新	我国社会主义初级阶段的基本经济制度	周新城
37	周新城	当代中国马克思主义政治经济学的若干理论问题	樊建新
38	赵常庆	社会主义在哈萨克斯坦的兴衰	陈之骅
39	李东朗	中国共产党是抗日战争的中流砥柱	张海鹏
40	王正泉	苏联伟大卫国战争	陈之骅
41	于海青 童　晋	欧洲共产党与反法西斯抵抗运动 ——镌刻史册的伟大贡献	姜　辉
42	张　剑	社会主义与生态文明	李崇富

序号	作者	书　名	审稿人

第五辑

序号	作者	书　名	审稿人
43	王伟光	新时代中国特色社会主义的理论成果	陈之骅
44	朱佳木	同历史虚无主义思潮斗争的有力思想武器	朱峻峰
45	程恩富 段学慧	《资本论》与社会主义建设	周新城
46	李崇富	谈谈列宁主义	陈之骅
47	张树华	苏联共产党意识形态工作的教训	吴恩远
48	石镇平	马克思的社会主义观	周新城
49	王　广	马克思主义与全面依法治国	侯惠勤
50	李艳艳	美国互联网政治意识形态输出战略与应对	于　沛
51	雷虹艳	美国的社会主义运动与思潮	姜　辉
52	章忠民等	解码新时代中国特色社会主义	程恩富

第六辑

序号	作者	书　名	审稿人
53	李慎明	“依法治国”的十个理论问题	程恩富
54	朱佳木	中华人民共和国史编研的若干基本问题	陈之骅
55	徐世澄	古巴经济和社会模式的更新	毛相麟
56	侯惠勤	中国特色社会主义的哲学坚守与创新	李景源

序号	作者	书　名	审稿人
57	李包庚等	人类命运共同体：破解全球治理危机的中国方案	汪亭友
58	于　军 张　弦	“一带一路”倡议与构建人类命运共同体	樊建新
59	李晓燕	21 世纪西方新社会运动的新特点和新趋势	姜　辉
60	童　晋	国外左翼学者的社会主义观	程恩富

第七辑

61	马细谱	三个南斯拉夫	陈之骅
62	陈之骅	巴黎公社：世界上第一个无产阶级政权——纪念巴黎公社革命 150 周年	汪亭友
63	程恩富 朱炳元	恩格斯对马克思主义政治经济学的重大贡献	余　斌
64	王伟光	百年未有之大变局下国际时局的哲学研判	陈之骅
65	孙　夺	列宁对伯恩施坦主义批判的政治学思考	陈之骅
66	张文木	美国帝国主义是资本主义的没落阶段	姜　辉
67	李　捷	从五条脉络看百年党史（上）	龚　云
68	李　捷	从五条脉络看百年党史（下）	龚　云

序号	作者	书名	审稿人
69	王传利	共产党人的信仰坚守和顽强斗争	程恩富
70	朱佳木	社会主义的初级阶段与初级阶段的社会主义	樊建新

第八辑

序号	作者	书名	审稿人
71	李慎明等	苏联亡党亡国的根本原因、教训与启示	陈之骅